中华精神家园

古建之魂

寺院奇观

独特文化底蕴的名刹

肖东发 主编 高永立 编著

中国出版集团
现代出版社

图书在版编目（CIP）数据

寺院奇观 / 高永立编著. — 北京：现代出版社，
2014.7（2020.01重印）
ISBN 978-7-5143-2303-0

Ⅰ. ①寺… Ⅱ. ①高… Ⅲ. ①寺院－介绍－中国
Ⅳ. ①K928.75

中国版本图书馆CIP数据核字(2014)第159647号

寺院奇观：独特文化底蕴的名刹

总 策 划：陈　恕
主　　编：肖东发
作　　者：高永立
责任编辑：王敬一
出版发行：现代出版社
通信地址：北京市定安门外安华里504号
邮政编码：100011
电　　话：010-64267325 64245264（传真）
网　　址：www.1980xd.com
电子邮箱：xiandai@cnpitc.com.cn
印　　刷：山东省东营市新华印刷厂
开　　本：710mm×1000mm　1/16
印　　张：11
版　　次：2015年4月第1版　2020年1月第3次印刷
书　　号：ISBN 978-7-5143-2303-0
定　　价：40.00元

党的十八大报告指出："文化是民族的血脉，是人民的精神家园。全面建成小康社会，实现中华民族伟大复兴，必须推动社会主义文化大发展大繁荣，兴起社会主义文化建设新高潮，提高国家文化软实力，发挥文化引领风尚、教育人民、服务社会、推动发展的作用。"

我国经过改革开放的历程，推进了民族振兴、国家富强、人民幸福的中国梦，推进了伟大复兴的历史进程。文化是立国之根，实现中国梦也是我国文化实现伟大复兴的过程，并最终体现为文化的发展繁荣。习近平指出，博大精深的中国优秀传统文化是我们在世界文化激荡中站稳脚跟的根基。中华文化源远流长，积淀着中华民族最深层的精神追求，代表着中华民族独特的精神标识，为中华民族生生不息、发展壮大提供了丰厚滋养。我们要认识中华文化的独特创造、价值理念、鲜明特色，增强文化自信和价值自信。

如今，我们正处在改革开放攻坚和经济发展的转型时期，面对世界各国形形色色的文化现象，面对各种眼花缭乱的现代传媒，我们要坚持文化自信，古为今用、洋为中用、推陈出新，有鉴别地加以对待，有扬弃地予以继承，传承和升华中华优秀传统文化，发展中国特色社会主义文化，增强国家文化软实力。

浩浩历史长河，熊熊文明薪火，中华文化源远流长，滚滚黄河、滔滔长江，是最直接的源头，这两大文化浪涛经过千百年冲刷洗礼和不断交流、融合以及沉淀，最终形成了求同存异、兼收并蓄的辉煌灿烂的中华文明，也是世界上唯一绵延不绝而从没中断的古老文化，并始终充满了生机与活力。

中华文化曾是东方文化摇篮，也是推动世界文明不断前行的动力之一。早在500年前，中华文化的四大发明催生了欧洲文艺复兴运动和地理大发现。中国四大发明先后传到西方，对于促进西方工业社会的形成和发展，曾起到了重要作用。

　　中华文化的力量，已经深深熔铸到我们的生命力、创造力和凝聚力中，是我们民族的基因。中华民族的精神，也已深深植根于绵延数千年的优秀文化传统之中，是我们的精神家园。

　　总之，中华文化博大精深，是中国各族人民五千年来创造、传承下来的物质文明和精神文明的总和，其内容包罗万象，浩若星汉，具有很强的文化纵深，蕴含丰富宝藏。我们要实现中华文化伟大复兴，首先要站在传统文化前沿，薪火相传，一脉相承，弘扬和发展五千年来优秀的、光明的、先进的、科学的、文明的和自豪的文化现象，融合古今中外一切文化精华，构建具有中国特色的现代民族文化，向世界和未来展示中华民族的文化力量、文化价值、文化形态与文化风采。

　　为此，在有关专家指导下，我们收集整理了大量古今资料和最新研究成果，特别编撰了本套大型书系。主要包括独具特色的语言文字、浩如烟海的文化典籍、名扬世界的科技工艺、异彩纷呈的文学艺术、充满智慧的中国哲学、完备而深刻的伦理道德、古风古韵的建筑遗存、深具内涵的自然名胜、悠久传承的历史文明，还有各具特色又相互交融的地域文化和民族文化等，充分显示了中华民族的厚重文化底蕴和强大民族凝聚力，具有极强的系统性、广博性和规模性。

　　本套书系的特点是全景展现，纵横捭阖，内容采取讲故事的方式进行叙述，语言通俗，明白晓畅，图文并茂，形象直观，古风古韵，格调高雅，具有很强的可读性、欣赏性、知识性和延伸性，能够让广大读者全面接触和感受中国文化的丰富内涵，增强中华儿女民族自尊心和文化自豪感，并能很好继承和弘扬中国文化，创造未来中国特色的先进民族文化。

2014年4月18日

姑苏古刹——寒山寺

恒山胜景——悬空寺

扬州古刹——大明寺

东海名刹——普陀寺

北京名寺——潭柘寺

香山名寺——碧云寺

寒山寺

寒山寺位于苏州城西阊门外风景秀丽的枫桥镇，是我国著名的佛教活动中心。寺院建于502至519年，就是六朝时期的梁代，距今已有1500多年历史。寒山寺古称枫桥寺，旧名"妙利普明塔院"。传说因唐代名僧寒山和拾得来寺院当住持，后来寺院名称被改为寒山寺。

和合二仙留下动人传说

寒山寺坐落在苏州古城西阊门外的古运河畔，邻近枫桥，曾被称为枫桥寺。它坐东朝西，门对古运河，旧临古驿道，附近就是枫桥和铁岭关，往北几千米是有名的浒墅关。如画的景致，散发着悠悠古韵。

寒山寺相传始建于502到519年之间，就是梁武帝在位时期，当时的寺名叫"妙利普明塔院"。后来由唐代高僧希迁定名为"寒山寺"。

千百年来，有关"寒山寺"

■ 梁武帝（464年—549年），梁朝的开国皇帝，著名的政治家和文学家，史称梁武帝。他不好酒色，提倡节俭，始终以正人君子的标准约束自己。

■ 寒山寺照壁

名称由来的传说广为流传。在民间主要有四种说法。

　　传说，在唐太宗贞观年间，有一对非常要好的年轻人，一个叫寒山，一个叫拾得。寒山的父母曾为他订了一门亲事，姑娘家住青山湾。然而，姑娘却早已和拾得互生爱慕之情。

　　在一个偶然的机会，寒山知道事情真相后，决定成全拾得的婚事，自己则准备离开家乡，遁入空门，独自去修行。寒山来到苏州的妙利普明塔院开始出家修行。

　　半月时光一闪即过，拾得未见寒山，便来到寒山家中。拾得抬头便见门上插有一封寒山留给他的书信。他把书信拆开，方才得知，寒山劝他及早与姑娘成婚，并衷心祝福他们幸福美满。

　　读罢书信，拾得这才明白寒山出走的真正原因，

空门　佛教以观察诸法"空性"作为入道的法门，故称"空门"。佛教认为一切事物从因缘相待而产生，没有固定不变的自性，虚幻不实，所以称为"空"。

修行　佛教上讲，修行就是为了自身实现佛陀所体验的境界，从而专心的精研修养，并发展成为详细的戒律条文、生活规范的修养方法。佛教也将修行的人叫做行者。

■ 和合二仙塑像

正果　佛教语。修道有所证悟，可称之为证果。言其修行成功，学佛证得之果，与外道之盲修瞎炼而所得有正邪之分，因此称之为正果。在佛教学说上，经历重重贪、嗔、痴等方面的考验以及实劫磨难，最终领悟佛法的深奥，面对诱惑心不动，面对威胁从善之心不改，可称之为"修成正果"。

深感对不起寒山。他思前想后，最后决定离开姑娘，前往苏州寻觅寒山，决意皈依佛门。

拾得打点行装，第二天就动身前往苏州。时值盛夏，路旁的池塘正盛开着鲜艳的荷花，拾得顿觉心旷神怡，一扫多日来心中的烦闷，顺手摘了一支荷花带在身边，以图吉利。

经过长途跋涉，拾得终于在苏州城外找到了他的好朋友寒山，他手中的那支荷花依然鲜艳芬芳。

寒山见拾得不期而至，心中大为惊喜。他急忙双手捧着盛有素斋的箧盒出门迎接拾得。久别重逢，俩人都十分开心。

从此之后，两人一起修行。后来，传说中的"和合二仙"之像就是寒山和拾得，拾得手持荷花，寒山手捧箧盒。当然，他们手持的物品，件件都有讲究。那荷花是并蒂莲的意思，盒子是象征"好合"的意思，意为"和谐合好"。

寒山和拾得这两位高僧，于唐代贞观年间在妙利普明塔院任住持，后唐代高僧希迁便将"妙利普明塔院"改名为"寒山寺"。

姑苏城外的寒山寺就是"和合二仙"终成正果的地方，因此，后来在寒拾殿中就一直供奉着寒山和拾得的精美木雕金身雕像。

在我国民间，人们十分珍视"和合二仙"情同手足的情意，便把他俩推崇为和睦友爱的民间爱神。当然，这仅仅是民间传说。

还有说寒山本是唐代长安人，出身于官宦人家，他多次投考落榜，才被迫出家。寒山30岁后隐居在浙东的天台山，享寿100多岁。

还有说寒山是隋代皇室后裔杨瓒之子杨温，因遭受朝廷官员的妒忌与排挤以及佛教思想的影响而遁入空门，便隐于天台山寒岩。

后来，寒山来到了寒山寺的前身普明塔院任住持。不久，拾得也来到寒岩修行，寒山与拾得便成为了好朋友。

话说在寒山寺建寺之始，便铸有一口大钟。钟声高亢洪亮，当夜深人静时，几千米外的苏州城内也隐约可闻。

杨瓒（549年—591年），字恒生，一名慧。我国隋朝皇族，他是隋朝开国皇帝杨坚是亲兄弟。杨瓒之妻是宇文泰女顺阳公主。杨瓒在北周时因为其父杨忠的军功而得封竟陵郡公，后进封邵国公。隋文帝继位后封杨瓒为滕王，后拜杨瓒为雍州牧。591年，杨瓒在果园伴随隋文帝时暴毙而死，时年四十二岁。

■ 寒拾殿

■ 寒山寺大钟

　　有一年夏天，洪水泛滥，把寒山寺的大钟冲到了河边，拾得到河边搬运大钟时，被水冲向了远方。后来，他连同那口钟一起漂到了日本，他便在日本创建了拾得寺。

　　寒山因思念拾得，又重新铸了一口大钟，悬挂在寒山寺的钟亭。据《寒山寺志》记载，寒山所铸造的这口大钟：

　　　冶炼超精，云雷奇石，波磔飞动，扣之有棱。

　　寒山和拾得因为长期在普明塔院修行，因此他们在佛学和文学上的造诣都很深，他们时常在一起吟诗答对。后人曾将他们的诗汇编成《寒山子集》3卷。

　　寒山被后人认为是文殊菩萨转世，而拾得被后人

认为是普贤菩萨转世。寒山和拾得这两位被赋予神话的高僧，他们的诗多带有禅意，外人很少知晓。但有首《忍耐歌》却流传甚广，影响很大。这是一首以对答形式来记录两人思想的诗。

终日被人欺，
神明天地知。
若还存心忍，
步步得便宜。
身穿破衲袄，
淡饭随时饱。
涕唾在脸上，
不气自干了。
有人来骂我，
我也只说好。
有人来打我，
我自先睡倒。
他也省气力，
我也无烦恼。

■ 寒山和拾得在寺内墙壁留下的诗文

独特文化底蕴的名刹

这个波罗蜜，

就是无价宝。

能依这忍字，

一生过到老。

佛教 最早的世界性宗教，距今三千多年，在东汉明帝时经丝绸之路正式传入我国。佛教是世界三大宗教中历史比较悠久、影响也比较大的一个宗教。佛教虽然来自印度，但其成熟和发展是在我国完成的，它既吸收了中国传统文化，又丰富了中国传统文化，具有博大精深的文化内涵。

　　寒山和拾得两人曾经有一段经典的谈话，在佛教界和民间流传甚广，影响颇为深远：

　　寒山问拾得：“世间有谤我、欺我、辱我、笑我、轻我、贱我、恶我、骗我，如何处治乎？”

　　拾得曰：“只是忍他、让他、由他、避他、敬他、不要理他，过十年后，你且看他！”

在世人眼里，寒山和拾得的诗也许包含某些消极成分，但从佛家观点来看，却充满了禅意，是为人处世的大智慧，更包含了引而不发和以待时机的大智慧。

寒山不仅是大德高僧，而且是一位著名诗人，这位富有神话色彩的诗人，曾经一度被世人冷落，直到后来，他的诗才越来越多地被世人接受并广泛流传。

过了数年，寒山寺又来了一位旷世高僧，名叫希迁。他被人们称为寒山寺的开山祖师。

希迁是唐代人，俗姓陈，端州高要人，是六祖慧能青原系下的一世弟子。

■ 寒山和拾得留下的寺碑

希迁初侍慧能，慧能逝世后，他禀承师命又拜行思为师，行思对他有"众角虽多，一麟足矣"的赞赏。

希迁不但全心

禅意 犹禅心，指清空安宁的心。语出：唐刘长卿《寻南溪常山道人隐居》诗："溪花与禅意，相对亦忘言。"明何景明《吹笙》诗："幽心与禅意，凄切转关情。"

■ **六祖惠能** 俗姓卢氏，唐代岭南新州今广东新兴县人。佛教禅宗祖师，是禅宗第六祖，世称禅宗六祖。唐中宗追谥为大鉴禅师。惠能是我国历史上有重大影响的佛教高僧之一。著有六祖《坛经》流传于世。

南岳 衡山，是我国五岳之一，位于湖南省衡阳市南岳区，海拔1000多米。茂林修竹，终年翠绿；奇花异草，四时飘香，自然景色十分秀丽，有"南岳独秀"的美称。

南台寺 位于湖南省衡阳市南岳区的三生塔南面，号称"天下法源"。南朝梁代年间创建，唐代天宝年间禅宗七祖弟子希迁将它定名为南台寺。南台寺名声很大，海内外的佛教徒对它都非常崇拜。

■ 古人笔下的寒山寺绘画

钻研佛学，而且精通医术，经常造福于四方百姓。

希迁在替百姓治疗疾病时，经常晓谕大家说：凡想齐家、治国、学道、修身之人，先必须服我十味妙药。这就是他写的《心药方》。他的医方寓含佛教理义，明白晓畅地劝化世人为善，以此教化众生。

希迁曾被行思举荐到南岳弘法，就是湖南的衡山，当时住在南台寺。后来，他发现南台寺东边有一块平坦的巨石，他就在巨石上建了一个庵，从此就住在此庵中，因此当时人们称他"石头和尚"。

希迁在南岳生活了50余年，由于他行医济世，佛法度人，大大地弘扬了佛法。他在晚年修行之际，还把他后半生将近半个世纪的草庵生活，用十分明快的语言记述下来，这便是广泛流传的《草庵歌》。

作为一代大德高僧，希迁与寒山寺有着很深的渊源。后来明初的高僧姚广孝在《寒山寺重兴记》一文中记载：

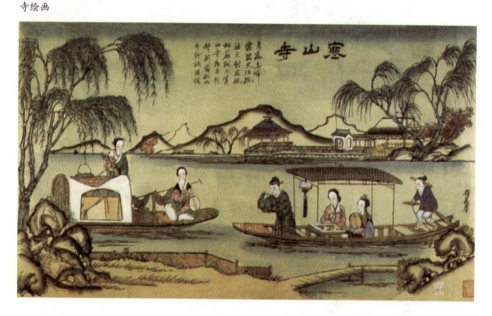

姚广孝雕像

希迁禅师于此创建伽蓝、遂额曰"寒山寺"。

　　因为这个记载，后人认为高僧希迁实在不愧是寒山寺的开山祖师。只是那时寒山寺的规模并不大，影响也很有限。

　　后来因为往来人员比较多，特别是唐代诗人张继《枫桥夜泊》诗流传以后，寒山寺就天下闻名了。

阅读链接

　　在我国民间，还有一则关于"和合二仙"的故事。说和合二仙都是唐代僧人，寒山是诗僧怪僧，曾隐居天台山。拾得刚出世便被父母遗弃在荒郊，幸亏被正在化缘的天台山高僧丰干和尚看到，就把他带到寺中抚养成人，并起名拾得。

　　就这样，丰干和尚在天台山国清寺将拾得受戒为僧。拾得受戒以后，被派到厨房干杂活。在寒山还没到国清寺为僧时，拾得常将一些饭菜送给寒山。丰干和尚见他俩如此要好，便让寒山进寺与拾得一起当国清寺的厨僧。

张继诗篇使古刹名扬天下

判官 官名。隋使府始置判官。唐制，特派担任临时职务的大臣可自选中级官员奏请充任判官，以资佐理。五代州府亦置判官，权位渐重。明府州有通判，清代改为州判。

枫桥 位于苏州，是一座横卧在古运河的单孔石拱桥，与寒山寺前的江村桥遥相呼应。枫桥自古以来就是声名远扬。诗人张继曾泊船枫桥边的古运河上，写下千古绝唱《枫桥夜泊》。

唐代开元年间，著名诗人张继进京应试落榜，当时正值安史之乱。为了躲避战乱，张继乘船来到了苏州，把船停在城外寒山寺旁的枫桥下。

当天夜里，秋风四起，渔火点点。想起考场的失意，孤身的愁绪，以及动荡的世事，张继无法入睡。此时，寒山寺的钟声传来，无限忧愁伴着伤

感，张继便随即吟出千古绝唱，这就是《枫桥夜泊》。

月落乌啼霜满天，
江枫渔火对愁眠。
姑苏城外寒山寺，
夜半钟声到客船。

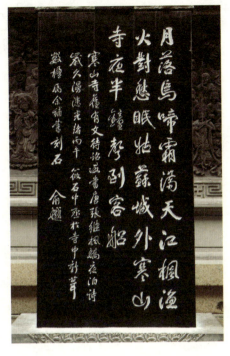

诗人以独特的手法，利用"钟声"来表达自己强烈的感情。他将静与动、虚与实、远与近巧妙地融合，并将国家的安危和个人乡愁紧密联系起来，创造了一个独特的典型化艺术境界。

张继诗中所描述的夜半钟声指的就是寒山寺的钟声。这首千古绝唱，不仅家喻户晓，而且名扬海外，在中华诗坛上有着非同寻常的地位。

张继是我国唐代著名诗人，753年的进士。曾经任佐镇戎军幕府，又任盐铁判官。大历年末，进入

■ 寺内《枫桥夜泊》石碑

■ 寺内张继的塑像

皇宫，身为检校祠部员外郎，又在洪州分管财赋，后来，张继夫妇都在此地去世。

张继流传后世的作品很少，他的诗以《枫桥夜泊》最为著名，全唐诗收录一卷，有《新唐书艺文志》传于后世。然而仅仅《枫桥夜泊》一首，足以使他名垂千古了，而寒山寺也拜其所赐，成为远近驰名的千年古刹。

张继的诗不但"有道者风"，也颇有"禅味"，这是当时士大夫崇尚儒、道的普遍风气，他也不例外。但是，他并没有一般仕宦者的官僚习气。他不逢迎权贵，与当时同是进士出身的诗人皇甫冉交情很深，两人经常来往。

张继的《枫桥夜泊》诗不仅意境优美，又因寒山这所古刹，带有厚重的历史文化色彩，而显得更加丰富、动人。因此，这寒山寺的"夜半钟声"也就仿佛是历史的回声，渗透着宗教的情思，给人一种古朴庄严之感了。

有了寒山寺"夜半钟声"这一笔，"枫桥夜泊"的神韵才得以完美体现。"夜半钟"的习俗，早在纪传体史著《南史》中就有记载。在张继同时或以后，虽有不少诗人描写过"夜半钟"，却再也无人能及张继的水平。

据说，寒山寺的钟声能驱魔镇妖、驱除人们心中的烦恼。佛教认为，人生多苦多烦恼，所谓生苦、老苦、病苦、死苦、怨

■《枫桥夜泊》的石刻

员外郎 官名，原指设于正额以外的郎官。晋代以后有员外散骑侍郎，是皇帝近侍官之一。隋代在尚书省二十四司各置员外郎一人。明清各部仍沿此制，也称高级史外郎，简称员外。

纪传体 东亚史书的一种形式，是以本纪、列传人物为纲、时间为纬、反映历史事件的一种史书编纂体例。纪是帝王本纪，列在全书前面，传是其他人物的列传。纪传体史书的突出特点是以大量人物传记为中心内容，是记言、记事的进一步结合，能够更好地表现人物的性格。

憎之苦、爱别离苦、求不得苦、生取蕴苦等八苦。

人有六根即眼、鼻、舌、耳、意、身，每根有六种烦恼，六根就有三十六种烦恼，三十年为一世，三世便有一百零八种烦恼，据《增一阿念经》说，钟声可以"降伏魔力怨"，因此钟声被誉为"妙响音"，百八钟声可以"醒百八烦恼"。而寒山寺的钟声更以那句"姑苏城外寒山寺，夜半钟声到客船"而享誉中外。

另外，寒山寺的钟声与别的寺院钟声不同。它必须在20分钟内均匀地敲完108下，且最后一下必须在午夜与凌晨相交的那一瞬间完成。当钟声响起，全体僧人就会齐诵《击钟仪》：

《南史》 唐代史学家李延寿所撰写，我国历代官修正史"二十四史"之一。纪传体，共八十卷。记载南朝宋、齐、梁、陈四国170年的史事。《南史》与《北史》合称姊妹篇。《南史》文字简明，事增文省，在史学上占有重要地位。

闻钟声，烦恼净，智慧长，菩提增，离地狱、出火坑、远成佛、度众生。

传说，大诗人张继正是听了寒山寺的钟声才荡去"剪不断，理还乱"的愁思，悟出了人生的真谛。

千百年来，我国景物因为文章而出名的例子有很多，寒山寺就是因为张继的《枫桥夜泊》而闻名天下了。

除了著名诗人张继，"大历十大才子"之一的中唐诗人韦应物，晚唐著名诗人杜牧，杜牧的朋友、年少时在苏州生活过的著名诗人张祜，著名进士郭附等都曾为寒山寺留下优美的诗篇。

唐代花间词派的重要作家之一温庭筠在他的诗中写道："悠悠旅榜频回首，无复松窗半夜钟。"由此可见，寒山寺在古代文人墨客心中的地位是无可替代的。

寺院奇观

独特文化底蕴的名刹

阅读链接

我国江南水乡名城苏州，大约有300多座桥，而被文人墨客吟诵最多的就是枫桥。因而，明朝诗人高启在《枫桥诗》中不无感慨地写道："画桥三百映江城，诗里枫桥独有名；几度经过忆张继，乌啼月落又钟声。"

枫桥，旧称封桥。位于苏州西北七里小镇枫桥镇，横跨于运河支流之上。枫桥只是一座江南普通的月牙形单孔石拱桥，始建于唐代。古时这里是水陆交通要道，设护粮卡，每当漕粮北运经过这里，就封锁河道，因此称为"封桥"。与枫桥相邻的就是著名的寒山寺。

唐武宗临终前的诅咒碑文

　　唐代时期，寒山寺因为高僧寒山曾经在此修行，才有了"寒山寺"的名字。接着，唐代诗人张继的《枫桥夜泊》使它名扬天下了。

　　我国被称为诗的国度，而名山古刹历来成为诗人吟咏的对象，后人常常把绝佳诗作刻在碑上，形成诗碑。作为十大名寺之一，寒山寺的诗碑有很多，知名度最高的，要数张继的那首《枫桥夜泊》。

　　然而，和其他寺诗碑不同的是，寒山寺的诗碑还有一个千年诅咒的传说。这个传说，可以追溯到唐武宗时期。

■1906年重修寒山寺所立《枫桥夜泊》谕碑

上首 亦称上手，原为佛教用语，意为大众之中位居最上者，后为俗间借用，特指酒席宴间最尊之位。坐上首必须具有一定资格。一些特殊场合如定亲、送朱门、结婚宴上，女方来的客人被尊为"大客"，是必坐于上首的。除此之外的酒桌，以桌为单位，一般以年长者为尊，若论明了亲戚关系，则以辈分高者为尊。

驾崩 我国古代称皇帝或皇太后、太皇太后的死亡为"驾崩"。因为当时皇帝被称之为万人之上，是由万民拥戴，他有权力驾驭和支配臣民来维护江山的和平稳定，成为一种驾驭之势的权力。当皇帝死后已经不能再行使权力，就用驾崩来形容江山少了精神支柱会崩塌的意思。

唐武宗是唐朝中后期一位比较优秀的皇帝，27岁继位的他曾经征服回纥，镇压叛乱，削弱各镇割据，限制宦官专权。

《旧唐书》因此事称赞唐武宗：

能雄谋勇断，振已去之威权；运策励精，拔非常之俊杰。

但是，唐武宗过分地崇尚道术，对长生不老之术和仙丹妙药异常痴迷，这也导致他最终因疾而逝。

由于服用所谓的仙丹妙药，唐武宗的身体受到了极大的损伤。原来，这些所谓的仙丹妙药都是由黄金、水银、丹砂、硫磺等一起放入炼丹炉中烧制而成，甚至会产生微量砒霜，如果人大量服用必然危害身体健康。然而，唐武宗却对此笃信不疑。

当时，尊崇道教的唐武宗将老子的诞辰日农历二月二十五日定为降圣节，全国休假一天。他又在宫中设立道场，在大明宫修筑望仙台，拜道士赵归真为师。最终，却因服用所谓的仙丹妙药中毒而死。

传说唐武宗酷爱张继的那首《枫桥夜泊》诗，在他死前的一个月，还敕命京城的第一石匠吕天方精心刻制了一通《枫桥夜泊》诗碑，当时还说自己升天之日，要将这块诗碑一同带走。

并且，唐武宗在临终时颁布遗旨：

《枫桥夜泊》诗碑只有朕可勒石赏析，

■《枫桥夜泊》御碑背面

唐武宗（814年—846年），李炎，本名瀍，临死前改名炎。唐穆宗的第五子，在位6年。武宗崇信道教，于会昌五年下令拆毁佛寺，没收大量寺院土地。由此，扩大了税源，巩固了中央集权。

后人不可与朕齐福，若有乱臣贼子擅刻诗碑，必遭天谴，万劫不复！

回纥 我国古代北方及西北的少数民族，他们使用突厥卢尼文字，信仰萨满教。回纥汗国和唐王朝保持着密切的政治、经济和文化上的往来。位于漠北的回鹘汗国被黠戛斯灭亡后，分三支迁到了新疆和甘肃，后形成维吾尔族和裕固族。

唐武宗的意思是，《枫桥夜泊》诗碑只可有此一通，以后只要有人再刻《枫桥夜泊》诗碑，就会死于非命。于是，在唐武宗驾崩后，这块诗碑被殉葬于武宗地宫，置于棺床上首。武宗皇帝就这样立下了千年诅咒。

阅读链接

唐武宗继位后第六年的新年朝会，就因为他病重而没有举行。这时，有个别道士依然编造鬼话来欺骗他。他们告诉武宗，生病是因为唐武宗的名字叫李瀍，"瀍"这个字中有"水"，与唐代崇尚的土德不合，土克水，所以不利，应该改名为"炎"，炎从"火"，与土德相合，可以消除灾祸。

然而，唐武宗的病情却日渐加重，宰相李德裕等请求觐见，却没有得到皇上允许。就在唐武宗将名字改为李炎之后的第十二天，他就因服用所谓的仙丹妙药中毒而死。

性空世界和水月道场大观

古刹寒山寺最初称为妙利普明塔院，整个寺院以此塔命名，由此可见当初宝塔的名声是非常大的。

到了北宋，节度使孙承祐重建这座宝塔，重建后的宝塔为七级佛塔。远远望去，宝塔越发显得庄严肃穆了。

寒山寺不仅历经数度坎坷，就连名字也曾多次被更改或重定。到了宋代嘉祐年间，寒山寺又被皇帝改名，赐名为普明禅院。

据范成大的《吴郡志》记载：

普明禅院，即枫桥寺也。在吴县西十里，旧枫桥妙利普明塔院也。

■ 范成大（1126年—1193年），字致能，号石湖居士，谥号文穆，南宋诗人。其诗自成一家，反映农村社会生活的作品成就最高。他与杨万里、陆游、尤袤合称南宋"中兴四大诗人"。

经历宝塔重建，皇上赐名易名，寒山寺在人们心中的地位更加重要了。

于是，为了纪念寒山寺，在北宋民间，便有人开始私刻《枫桥夜泊》的诗碑。

刻诗碑的第一个人，也就是当时的翰林院大学士郇国公王珪。

然而，王珪自从刻了这一诗碑后，家中连遭变故，王珪本人也因之暴亡。有人说王珪的遭遇是因为遭到了唐武宗的临终诅咒。那么，这些究竟是对唐武宗死前遗旨的应验，还是事有巧合呢？

021

姑苏古刹

寒山寺

■ 古代寒山寺壁画

原来，这个刻碑的王珪，为人胆小怕事，一贯顺承皇帝的意思，以明哲保身的姿态为人处世。

就在王珪写《枫桥夜泊》诗碑的时候，正是他服丧期间，诗碑也没有王珪的署名。王珪的死，虽然没有明确的死因记载，但史书上说他死在任上，活到了67岁。67岁，这在古代已经是比较长寿的了。因此，王珪死于诅咒之说，是没有根据的。

唐武宗的诅咒之谜还没有解开，关于张继《枫桥夜泊》诗中寒山寺夜半钟声的说法，人们又开始议论纷纷。

北宋的政治家欧阳修认为，"姑苏城外寒山

北宋 是我国历史上的一个朝代，由赵匡胤建立，都城建在东京，又称汴京，即现在的河南开封。北宋与南宋合称宋朝，又被称作"两宋"。北宋结束了自唐末以来四分五裂的局面。1127年，金军攻破首都开封，掠走徽、钦二帝，史称"靖康之变"，北宋灭亡。

寺院奇观

独特文化底蕴的名刹

■ 寒山寺内其他书法石刻

吴中 位于苏州市南部，北依苏州古城区，东连昆山，南接吴江，西临太湖；四周还分别与苏州工业园区、虎丘区、相城区接壤；与无锡、宜兴、浙江湖州隔湖相望。吴中区历史悠久，人文荟萃，是古吴文化的发源地。约一万年前的旧石器时代，吴地已有先民生息繁衍。五千年前的新石器时代，创造了先进的"良渚文化"。

寺，夜半钟声到客船"这两句诗虽然好，但是三更并不是撞钟的时候。

而南宋时期的范成大综合王直方、叶梦得等人的论辩，在《吴郡志》中认为，欧阳修并没有到过吴中。当时吴中的僧寺确实是半夜鸣钟的，他们称之"定夜钟"。因此，范成大认为半夜击钟是很正常的事。

然而，范成大的说法虽然有道理，但仍有人对"夜半钟"持怀疑态度。

至于谁是谁非，已经不重要了。重要的是，寒山寺的千年古钟历经世事沧桑后越发让人神往了。不仅仅是那钟声，令人向往的还有"性空世界"和"水月道场"。

在寒山寺大雄宝殿的南侧有一个圆洞门，上有隶书砖雕门额"性空世界"。透过门洞，人们可以看到著名的钟楼，而门洞和钟楼恰恰在视野内形成绝妙的对景。

在"性空世界"砖额上方的檐脊上立有一尊塑像。塑像是一个头戴破僧帽，身披破衲衣，手执破蕉扇，嘴角歪斜，痴痴癫癫的僧人，四周伴有祥云缭绕。这个人就是圣僧济公。

据《天台山方外志》《净慈寺志》等书籍记载，济公名道济，字湖隐。父亲叫李茂春，是宋高宗李驸马的后裔。人们传说，济公的母亲王氏在生他之前曾梦见吞了日光。

不幸的是，济公18岁时，父母相继亡故了。于是，他跟随灵隐寺的高僧瞎堂禅师，落发出家。

济公的性情疯疯癫癫，嗜食酒肉，寺里的僧人都指责他。瞎堂却说："佛门广大，难道容不得一个颠僧？"

从此以后，众僧人

圆寂 佛教用语，梵语的意译。音译为"般涅槃"或"涅槃"。意思是诸德圆满、诸恶寂灭，以此为佛教修行理想的最终目的。最初，是可以称为一种境界的。后来婉言僧尼的死为圆寂。

■ 济公（1148年—1209年），原名李修缘，举止癫狂，是一位学问渊博的得道高僧，被列为禅宗第五十祖，杨岐派第六祖，撰有《镌峰语录》十卷，诗作主要收录在《净慈寺志》《台山梵响》中。

就称他济颠。

瞎堂禅师圆寂以后，济颠就来到了净慈寺。据说，在南宋嘉泰四年的一天晚上，济颠似醉非醉，绕着长廊急切地呼喊，但是众僧却听不到他的声音，只觉得莫名其妙。

不一会儿，大火烧起来了，佛寺一片火海，楼阁瞬间化为灰烬。于是，济颠自行募集资金，重建宝刹。他来到严陵化缘，将自己的袈裟展开，竟然笼罩群山，山上的高树巨木随后被神力拔起，顺水漂流。

接着，济颠告诉所有的寺僧，建庙用的木材已经运抵寺庙的香积井中。6名壮汉费了九牛二虎之力才将巨木一一弄出，木材堆积如山。监寺为了表达感谢之情，要给济颠一些银两作为报酬，济颠连忙推辞说："我乃门甲神，岂要你的酬劳？"说罢，驾风而去。

5年后，济颠圆寂。临终前索笔题了一首诗：

六十年来狼藉，
东壁打倒西壁。
如今收拾归来，
依然水连天碧。

济颠写完这首诗，拿着笔仙逝了。随后，济颠

■寒山寺寺碑

净慈寺 杭州西湖历史上四大古刹之一。净慈寺在南屏山慧日峰下，是954年五代吴越国钱弘俶为高僧永明禅师建立的，原名是永明禅院；南宋时期改称净慈寺，并建造了五百罗汉堂。

秦桧（1090年—1155年），字会之，宋朝人。中国历史上十大奸臣之一，因处死岳飞而遗臭万年。宋徽宗1115年登第，先后任御史中丞、礼部尚书、宰相，执政19年。

被僧人们葬在杭州西南的大慈山白鹤峰下。

济颠与寒山寺高僧寒山同是天台诗僧，性情同样疯癫，也同样被神化为菩萨化身。于是，后人就在寒山寺庭院的檐脊上雕饰了济公的塑像。

寒山寺的这尊济公塑像，匠心之妙，令人叫绝，已经形成独特的人文景观，也形成了寒山寺的性空世界。

在大雄宝殿另一侧的圆洞门上，有隶书砖雕门额"水月道场"。水月道场也称水陆斋，是佛门遍施饮食以救度水陆鬼魂的法会。相传梁武帝为了做普度水陆众灵的大斋会，曾命保志集录经典，编成仪文，在

■ 寒寺内檐脊上的雕饰

■ 寒拾泉

金山寺创设水陆道场。

宋代寒山寺，内有水陆院，当时是举行法会的主要场所。透过门洞，可以看到后院的寒拾泉和寒拾亭。

在水月道场圆洞门门额上方的檐脊上，立有一尊塑像。这个塑像蓬头赤足，衲衣褴褛，一手拿破扫帚，一手拿吹火筒，这就是民间故事《疯僧扫秦》中的疯僧。

传说，宋代奸相秦桧和妻子王氏在东窗密谋。因为秦桧曾在风波亭谋害了抗金名将岳飞父子，做贼心虚，整天担惊受怕。一天，秦桧来到灵隐寺进香，看见方丈壁间有一首诗：

寺院奇观

独特文化底蕴的名刹

■ 寒拾亭

风波亭 原来是南宋最高审判机关，杭州大理寺狱中的亭名。869年前，宋高宗赵构听信奸相秦桧的谗言，诬陷岳飞图谋造反，一代名将岳飞及其儿子岳云、部将张宪在风波亭内被杀害。

缚虎容易纵虎难，
东窗毒计胜连环。
哀哉彼妇施长舌，
使我伤心肝胆寒。

秦桧看后大吃一惊，心中想道，这第一句是我和夫人在窗

■ 岳飞（1103年—1142年），字鹏举，北宋人。著名的战略家、军事家、民族英雄、抗金名将，被誉为宋、辽、金、西夏时期最为杰出的军事统帅。南宋中兴四将（岳飞、韩世忠、张俊、刘光世）之首。

■ 寺内貔貅铜像

下的灰中写的，并没有人知道啊，却怎么写在这里了？这简直是太奇怪了！

秦桧盘问完住持后，才知道这首诗是香积厨下的疯僧题的。于是，秦桧赶紧把疯僧找来。只见疯僧蓬头垢面，口嘴歪斜，手瘸足跛，浑身污秽。

秦桧笑道："你这模样怎么能诵经，怎么能当僧人？"

疯僧答道："我的面貌虽然丑，却心地善良，不像你却佛口蛇心。"

秦桧问："这壁上的诗句是你写的么？"

疯僧道："难道你能做得，我就写不得吗？"

秦桧问："你手中的扫帚是做什么用的？"

疯僧道："用它来扫灭奸邪。"

秦桧道："火筒应该放在厨下，拿在手中做什么？"

疯僧道："这火筒节节生枝，能吹狼烟四起，

狼烟 是用狼粪烧出来的烟。古代烽火台，多建立于边疆荒原，物资奇缺，引火物只好使用狼粪。由于这样的特殊引火方式，边疆烽火也叫作狼烟。狼是古代匈奴、突厥、吐蕃等少数民族的图腾，其军队被中原人称为"狼兵"，所以为中原报警的烽火被称为"狼烟"。

朝纲 我国封建社会时期朝廷制定的法纪，也就是朝廷所制订的法度纲领，处于指导政治时务的地位。体现出君主统治的绝对权威。违背朝纲的人会受到严酷的刑法惩罚。

化身 称佛或菩萨暂时出现在人间的形体。化身一词源自于佛教，原来是指佛菩萨为教化救济众生而变化的各种形相之身。由于古来对佛身有三身、四身等异说，故化身也有不同的说法。

寺院奇观

独特文化底蕴的名刹

■寒山寺美景

实在是不能放下。"

秦桧问："你有法名么？"

疯僧道："吾名叶守一，终日藏香积。不怕泄天机，是非多说出。"

秦桧、王氏听完疯僧的话，惊疑不定，再想试他一试。疯僧就提笔写了一首诗：

久闻丞相有良规，

占擅朝纲人主危。

都缘长舌私金虏，

堂前燕子永难归。

闭户但谋倾宋室，

塞断忠言国祚灰。

贤愚千载凭公论，

路上行人口似□。

末句有意空缺一字。这诗的头一字连起来却是"久占都堂，闭塞贤路"。

秦桧大怒，但限于身份，一时不便发作。过了几日，秦桧命人捉拿疯僧。疯僧不慌不忙，在房中留下一匣，转眼间不知去向。

秦桧打开小匣，里面有一束，上面写道："偶来尘世作疯癫，说破奸邪返故园。若要问我家何处，却在东南第一山。"

秦桧命家人去东南第一山追捕疯僧。那个家人经高人指点，方才明白："哪里是什么'叶守一'，乃是'也十一'。'也'字加了'十一'，不是个'地'字？此乃地藏王菩萨的化身宝号。"

■寒山寺小钟楼

不久，奸贼秦桧便因为背病发作而死。后人敬佩疯僧的气节胆识，特意塑像供奉他。

除了性空世界和水月道场外，寒山寺还有枫桥、钟楼等众多名胜古迹，吸引着成千上万的人慕名前来。

话说，到了南宋绍兴年间，寒山寺仍被称为枫桥寺。在这一时期，寒山寺住着另一位知名的长老名叫法迁。

在南宋建炎年间，枫桥寺再度被官军破坏。金兵南侵，苏州西郊的官寺民舍，一夜之间被焚烧殆尽。寒山寺虽然幸免于火，却遭到官军的蹂躏。当时，寒山寺僧侣大多被迫逃匿，整个寺庙四壁萧然，非常凄凉。

金 或称金国、金朝，是由我国东北地区的女真族建立的政权，1115年金太祖完颜阿骨打建立。1234年，金朝在蒙古和南宋南北夹击之下灭亡，共经历十位帝王。金国是当时我国华北地区的一个强大政权。金朝作为女真族所建的新兴征服王朝，其部落制度性质浓厚。

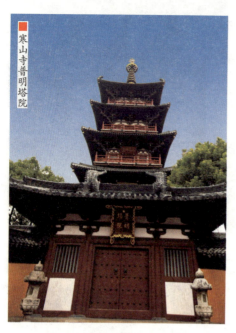
寒山寺普明塔院

绍兴四年，法迁长老率领他的徒弟们入居寒山寺，经过十几年努力，又使寒山寺栋宇一新，并在寺中新建水陆院。水陆院，是佛教举行大型法会的专门道场。

水陆，是水陆法会的略称，也称为水陆道场。水陆法会在宋代流行后很快就在全国普及，枫桥寺建水陆院。在增建水陆院的同时，法迁长老还用了3年时间修复普明宝塔，使整个寺容更为壮观。

法迁长老重修寒山寺时，严于律己。他和自己的徒辈们或持钵或持簿，乞施于民间，如果有一点收获，就都用在寺院的重建上，这种精神受到当地民众的敬仰。

在法迁长老的努力下，寒山寺重建工作迅速完成。法迁长老兴废续绝，弘寺拓基，对寒山寺的发展做出了巨大贡献，可以称之为寒山寺的中兴祖师。

阅读链接

净慈寺位于杭州西湖的南岸，寺的主山是南屏山。南屏山发自天目，千里蜿蜒而东，苏轼称之为"龙飞凤舞，萃于临安"。该寺曾经屡毁屡建，所存的寺宇、山门、钟楼、后殿、运木古井和济公殿，都是后人重建的。

寺内有一口重达10000多千克的新铸铜钟，铸有著名书法家赵朴初等人书写的《妙法莲花经》，共计68000字。每日黄昏，悠扬的钟声在暮色苍茫的西湖上飘荡。因为寺内钟声宏亮，"南屏晚钟"成为著名的"西湖十景"之一。

名寺历经劫难后风骨犹存

自从张继的那首《枫桥夜泊》诗广泛流传以后，寒山寺便成了家喻户晓的寺院，时人都比较喜欢"寒山寺"这一名称，而不太适应普明禅院或枫桥寺的名称了。

于是，到了元代，这座古老的寺院又被重新定名

元代 由蒙古族建立，是我国历史上第一个由少数民族建立的大一统帝国。元朝的疆域空前广阔，北至北海、东到日本海，西藏和台湾第一次被纳入中国版图。元朝在中央设中书省，地方实行行省制度。

■寺内现存的名人诗画石刻

檀越 施主，即施与僧众衣食，或出资举行法会等信徒和大众。关于檀越与受施者之间，各佛经中多有提及。檀越施主应当恭敬如子孝顺父母，小恩常不忘。檀越也指通过布施的手段越过痛苦的苦海。

寺内大雄宝殿和铜鼎

为寒山寺。当时，元代名人顾仲瑛、汤仲友等在各自的诗中均题名为寒山寺。

然而，在元末明初的战争中，寒山寺再一次毁于战火。劫后的寒山寺，一片萧索，几乎完全被毁掉。

1405年，大德高僧深谷昶禅师担任寒山寺的住持，深谷昶禅师很有戒行，为人老成持重，决心重建寺院。

当时的人力、物力极度匮乏，条件非常艰苦。深谷昶禅师却不辞辛苦，向众檀越化缘募捐，亲自带领寺僧，铲除寺中杂生的荆榛，用箕畚运走瓦砾，做好寺院重建后的清理工作。

深谷昶禅师精于佛理，娴于寺院规划，首先建大雄宝殿。大雄宝殿是寒山寺正殿，面宽5间，进深4间，高12.5米。单檐歇山顶，据角舒展。

宝殿露台中央设有一座炉台铜鼎，鼎的正面铸着

■《金刚经》佛教的重要经典。《金刚经》传入中国后，有6个译本，以鸠摩罗什所译《金刚般若波罗蜜经》最为流行。唐玄奘译本，《能断金刚般若波罗蜜经》是鸠摩罗什译本里面的一个重要补充。

"一本正经"，背面有"百炼成钢"字样。

这里还包含着一个宗教传说呢。据说，有一次佛教僧人为了验证佛法的威力，将《金刚经》放入铜鼎火中，经书安然无损。人们为了颂赞这段往事，就在铜鼎上刻此八字以资纪念。

在殿宇门楣上高悬一块"大雄宝殿"匾额，殿内庭柱上悬挂着书法家赵朴初撰书的楹联：

释迦牟尼 原名乔达摩·悉达多。他是古印度释迦族人，生于古印度迦毗罗卫国，即今天的尼泊尔南部。本为迦毗罗卫国太子，父为净饭王，母为摩耶夫人。佛教创始人。成佛后被称为释迦牟尼，尊称为佛陀，意思是大彻大悟的人；民间信仰佛教的人也常称呼佛祖、如来佛祖。

千余年佛土庄严，姑苏城外寒山寺；

百八杵人心警悟，阎浮夜半海潮音。

在大雄宝殿中央，是佛祖释迦牟尼佛的塑像，摩诃迦叶、阿难两位尊者陪侍两侧，再两侧是文殊、普贤二位菩萨。

大殿两厢，是形神各异的十八罗汉塑像，在佛、菩萨之前，是秉持香炉的梵天和帝释。梵天，名叫尸弃，他深信正法，每逢有佛出世，必定前来请转法

摩诃迦叶 施梵文中"摩诃"是大的意思，又名大迦叶、迦叶波、迦摄波。意为饮光。佛陀十大弟子之一，有"头陀第一""上行第一"等称号。为禅宗第一代祖师。

■ 宝殿内的释迦牟尼佛像

独特文化底蕴的名刹

道教 创立于东汉时期，是我国土生土长的宗教，距今已有1800多年的历史。当今道教主要分为：全真派和正一派两大教派。道教奉老子为教祖，尊称为"太上老君"，以《老子五千文》为主要经典。

轮，深谷昶禅师在大雄宝殿中立梵天像，隐含希望寒山寺法轮常转的意愿。

帝释，是忉利天的天主，俗称玉皇大帝。玉皇大帝本是道教人物，他的形象出现在佛寺中，与宋元以后三教合流不无关系。

重建后的大殿内香烟缭绕，透过烟雾望去，金光一片，仿佛佛祖在灵山说法。

其次建方丈室、山门以及法堂、斋堂、库房等，凡是寺院应该有的，深谷昶禅师均一一规划，进行建设。这里特别应提到的是方丈室。深谷昶禅师在方丈室中设有寒山、拾得、丰干的塑像，这是现在已知的对寒山寺有寒山、拾得像的最早记载。

新修的寒山寺道场一新，规模可睹，从永乐三年受命来寺，到永乐十一年，短短8年，深谷昶禅师便使寒山寺重又屹立于枫江桥畔，继往开来，功不可没。

寺内的大钟楼

元代末年，张士诚占据苏州，寒山寺及后来重修的佛塔，一并毁于战火。在大明洪武年间，高僧昌崇又重新修建了寒山寺。

到了明代嘉靖年间，高僧本寂在寒山寺铸钟建楼，并重新铸造了一口寺钟。在当时，文人墨客曾为之作疏刻碑。唐伯虎作了一首《姑苏寒寺化钟疏》，诗中写道：

姑苏城外古禅房，
拟铸铜钟告四方；
试看脱台成器后，
一声敲下满天霜。

唐伯虎的这首诗，便记载了高僧本寂化缘铸钟的始末。

遗憾的是，明代铸的钟不久后也莫名地失踪了。就这样，持续千年的"夜半钟声"从此沉寂下来。

明代末年，当地曾有豪民试图侵占寒山寺的寺基。寒山寺的住持请文肃公书石证明其事。并有黄山居士张延登、钱宗伯、姚学士三帖记事。

由于第一通诗碑不知去向，在重修寺院的时候，明朝书画家文徵明便为寒山寺书了第二通《枫桥夜泊》诗碑。但是，诗碑"玉成"不久，

035

姑苏古刹

寒山寺

■ 大钟楼内的现存大钟

■ 唐伯虎 唐寅，字伯虎，一字子畏，号六如居士、桃花庵主、鲁国唐生、逃禅仙吏等。据传于明宪宗成化六年庚寅年寅月寅日寅时生，故名唐寅。他在诗文方面，与祝允明、文徵明、徐祯卿并称"江南四才子"，绘画方面，与沈周、文征明、仇英并称"吴门四家"。

文徵明却身染重疾，在世间受尽病痛折磨，含恨辞世。

于是，民间传说，文徵明是遭受到唐武宗的神秘诅咒才离世的。然而，对于这种说法也有一定的争议。因为在当时的"吴门四家"中，文徵明是四人当中生活最有规律的人，他和唐伯虎同年，但比唐伯虎要长寿得多。

唐伯虎死于1523年，享年54岁，而文徵明活到了90岁。文徵明写《枫桥夜泊》诗碑，大约是在50岁前，也就是嘉靖元年前后。

因此，文徵明死于唐武宗诅咒的说法，只是后人的猜测，并无根据。

阅读链接

吴中四才子，即江南四大才子。是指明代中叶生活在江苏苏州的祝枝山、唐伯虎、文徵明和徐祯卿等4人。他们是一群才华横溢且性情洒脱的文化人。明代成化、正德年间徐祯卿等四位诗人并称"吴中四才子"。

他们不依傍门户，卓然自立，作诗以抒写性情为第一要义，在当时来说，这种精神是非常可贵的。徐祯卿的诗多是佳作，诗论也有许多独到之处。唐寅、祝允明、文徵明不仅擅长诗文，还擅长书法、绘画，以多才多艺见称。

雍正皇帝敕封寒山二圣

到了清代，寒山寺受到雍正皇帝的极大重视。雍正虽然没有来过寒山寺，但他对寒山寺文化的影响是相当深远的。这主要体现在他敕封寒山、拾得为"和合二圣"以及为《寒山子诗集》亲自作序。到了清代雍正皇帝正式封寒山为"和圣"，拾得为"合圣"，和合二仙从此名扬天下。

由于雍正特殊的身份和地

■ 雍正（1678年—1735年），清世宗爱新觉罗·胤禛，满族，是清代第五位皇帝。清圣祖康熙的第四子。雍正平定叛乱，加强皇权，实行一系列改革，对康乾盛世的连续具有关键性作用。

独特文化底蕴的名刹

■ 寺内的和合二仙雕塑

位，雍正的行为具有一定的导向或示范作用，官吏和知识分子对寒山子与寒山寺也开始大加认同，而这些社会文化精英又将这种认同推广到普通百姓，从而加深了寒山子及寒山寺在百姓心中的地位。

这也许就是清代官员程德全书刻《雍正寒山书序》，江浙一带百姓特别认同"和合二仙"的原因。

到了清代顺治初年，寒山寺遭遇了严重的水患，在僧人的艰辛保护下，寺院才避免被彻底损毁。但是，到了康熙五十年冬，寒山寺大殿又遭遇火灾，水陆院及多处建筑被损毁。

1774年，寒山寺住持又重新修建大殿和前轩等破损的建筑。

然而，在道光年间，多难的寒山寺再次遭遇大灾。这一次，寒山寺寺僧包括老者弱者及过客140多人，忽然在一天内全部死去。

后来，官方经过多方调查，确定这次中毒事件是因为众人误食寺院后园的毒蕈导致的。自从出了这一事故，寒山寺在一段时间内，几乎处于荒废状态。

1854年，当时的内阁中书赵文麟、前广东盐运使

运同 是指清代的官名，主要有盐运使司、盐法道和管辖盐务的分司长官，这些官员的职务是掌管督察全国各地的盐场，并且辅助盐运使或盐法道管理盐务工作。

司运同周曾毓等，在寺院旁边的空闲土地建房28间，招租收息，用于维持寒山寺的香火耗资。

然而，过了仅仅6年，寒山寺却被入关的清军纵火焚烧，一夜之间化为灰烬。

1906年，陈夔龙在江苏任巡抚时，有一次检阅军队，偶然来到枫桥。他目睹着千年古刹一片荒芜，心生无限感慨。于是，陈夔龙决定重建古刹。

陈夔龙这次对寒山寺的重建，工程巨大。为了方便交通，修建时把大门进行了拓展，使寺门紧临大路。同时，还修建了多处院落、厅堂，又铸了一口铜钟，悬在寺内。

1910年陈夔龙和布政使陆钟琦等再次重建寒山寺大殿。同时，程德全除了新建大殿、后楼和长廊外，还书刻《雍正寒山诗序》、乾隆《霜钟晓月》诗碑、寒山诗、韦应物诗等。还增加了清代著名画家罗聘所绘的寒山拾得像、晚清官员郑文焯所绘的寒山子像，程德全、陆钟琦、邹福保"三记"，以及"妙利宗

039

姑苏古刹

寒山寺

寺内"妙利宗风"石刻

布政使 古代官名，明初沿元代朝廷的官制，在各地设置行中书省。1376年，撤销行中书省，以后陆续分为13个承宣布政使司，全国府、州、县分属之，每司设左、右"布政使"各1人，与按察使同为一省的行政长官。

■ 寺内的古建筑

风""寒山寺"门匾等。

经过陈夔龙和布政使陆钟琦等人的苦心经营，寒山寺这座千年古刹终于焕然一新了。无论寺门、大雄宝殿、庑殿、藏经楼，还是诗文石碑和石刻像等，一处处古迹就像一本厚厚的书，向世人述说着寒山寺那无比沧桑的历史。

寒山寺当年的寺门建筑早已在1860年的兵火中灰飞烟灭，现存的建筑多数是清代末年重建的。

我国古代的寺院建筑主要以佛教建筑的特点最为突出，而我国现存的佛寺多数都是明清时代的建筑。这些建筑的主要特点是多数采用庭院式布局，主要殿堂模仿宫殿府第的样式，一般的建筑参照民居的式样。但总的来讲，我国古代宫殿建筑比较尊重自然，体现中庸的思想，特别重视中和、平易、含蓄而深沉的美的追求。

■ 寒山寺现存大门

就整体而言，重要建筑大都采用均衡对称的方式，以庭院为单元，沿着纵轴线与横轴线进行设计，借助于建筑群体的有机组合和烘托，使主体建筑显得格外宏伟壮丽。寒山寺的建筑就是我国古代寺院建筑的典范。

在寒山寺门的门楣上高悬金字朱匾，上有"古寒山寺"四个大字，款署"云阳程德全题"。寺门之内是御碑亭。内为大殿，殿后精舍三间，上有小楼，位于寺中央，窗牖洞达，凭高四眺，远山近水一二十千米，历历在目。

三间精舍的左边为小钟楼，右边也有一角小楼。整个建筑回廊缭曲，院圃清旷，结构颇为不俗。

寒山寺照墙的黄墙上嵌有三通青石碑，上刻有"寒山寺"三个大字，铁划银钩，笔力雄峻，款署

举人 在汉代朝廷令郡国守相荐举贤才，因以"举人"称所举之人。唐、宋时有进士科，至明、清时，则称乡试中试的人为举人。习惯上举人俗称为"老爷"，雅称则为孝廉。

■ 曾国藩（1811年—1872年3月），初名子城，字伯涵，号涤生，谥文正，汉族，出生于湖南长沙府湘乡县杨树坪。晚清重臣，湘军之父，湘军的创立者和统帅者。清朝军事家、理学家、政治家、书法家，文学家，晚清散文"湘乡派"创立人。晚清"中兴四大名臣"之一。

"东湖陶濬宣书"。

话说这位"东湖陶濬宣"，是清代末年间的知名人物，名叫陶宣濬。他是光绪二年举人，精诗词，也工画，曾任广东广雅书院山长。备受翁同龢、梁启超推崇。

这3方题字刻石原来嵌在寺内的回廊壁上，四周杂草丛生，破败不堪。后来3通石碑就不见了踪影，几十年间下落不明。

由于世事变迁，寒山寺里的第二块诗碑也不知去向，于是，1906年，陈夔龙重修寒山寺时，有感于沧桑变迁，古碑不存，请时任两江总督曾国藩的得意门生俞樾手书了第三通《枫桥夜泊》石碑。

阅读链接

说起寒山寺的寺门，曾经有一段发生在300多年前的动人故事呢。有一次，清代初年的诗坛领袖之一王士禛来到苏州，把船停在枫桥。在风雨交加的夜晚，他却穿上鞋子，让随从点起火炬，在寺门上题了两首诗。其中一首诗名叫《夜雨题寒山寺寄西樵、礼吉》："日暮东塘正落潮，孤篷泊处雨潇潇。疏钟夜火寒山寺，记过吴枫第几桥？"诗中寄托了作者对远方西樵、礼吉这两位弟兄的思念之情。

王士禛挥笔题完两首诗后，便挥袖离去。人们都以为王士禛的举止过于狂妄，但是王士禛出色的文采却使这座古刹生辉不少。

七级宝塔的千秋回首

　　普明塔院是寒山寺又一不可多得的人文景观。这座宝塔位于寒山寺藏经楼的后面，院中的建筑造型古朴庄重，具有浓郁的唐代建筑风格。

　　塔院的平面呈汉字"回"字形，里面有普明宝塔、法堂等多处建

普明塔院大殿

■ 法堂和青铜宝鼎

筑。其中，普明塔院的主殿是法堂，这是寒山寺里名师高僧宣经论法的场所。法堂坐北朝南，共有5间，高居院北的台基上。

法堂前有一个露台，下有碧池环绕。露台正中立有九龙五凤青铜宝鼎，宝鼎的器形及纹饰都是依照商周时期古鼎的样式，以九龙五凤分别装饰鼎耳、鼎腹、鼎足等各部分，寓意"龙飞九天，凤鸣五方"。宝鼎的整体设计更蕴含了"国运强盛、人民幸福"的主题。

法堂的两侧环绕着回廊，廊壁间嵌有五六十通石刻，其中不乏有元代书法家赵孟頫所书《金刚般若波罗

■ 赵孟頫（1254年—1322年），字子昂，号松雪，松雪道人。元代著名画家，楷书四大家之一。他博学多才，能诗善文，书法和绘画的成就最高，开创了元代新画风，被人称作为"元人冠冕"。书法尤以楷、行书著称于世。

蜜经》、清代篆刻家、书法家邓石如所书《般若波罗密多心经》，及著名国画艺术家谢孝思绘的《十六罗汉像》等碑刻。

普明宝塔为仿唐木结构楼阁式塔，原有七层，为此，此塔也被称为七级宝塔。现存的宝塔为五层，修建于新中国时期，由须弥座台基、塔身、塔刹三部分组成，总高42.2米。

宝塔的建筑蓝图，是以敦煌壁画中唐塔造型为样本，同时参考山西五台山南禅殿、佛光殿，以及扬州平山堂的建筑形式设计。

■ 寒山寺普明宝塔

宝塔台基为花岗石材料，高2.1米，宽16米。四边有台阶拾级而上，气势宏大。平台四周花岗石斗拱托起石栏杆，石栏立柱上整体圆雕牡丹花。台基外四角，各立小青铜卧狮一座。

塔身高30.5米，筒壁厚度仅14厘米，"木构方体，敦厚庄重，层阁复叠，耸然晕飞"。宝塔西东南北4门，各悬"普明宝塔"匾额。

宝塔的二层到四层的顶面是各种几何造型的平

楼阁式塔 建筑形式来源于中国传统建筑中的楼阁。佛教传入中国后，为了适应中国的传统习惯，利用人们对多层楼阁通天的寄托，以楼阁形式作为礼佛的纪念性建筑物。

塔刹 是指佛塔顶部的装饰，塔刹位于塔的最高处，是"冠表全塔"和塔上最为显著的标记。"刹"来源于梵文，意思为"土田"和"国"，佛教的引申义为"佛国"。各种式样的塔都有塔刹，所谓是"无塔不刹"。从结构上说，塔刹本身就是一座完整的古塔。它由刹座、刹身、刹顶和刹杆组成。

板，上面绘制佛门演变发展的图像。塔身出檐飘逸，翼角端庄，各层渐次收进，底层对边为8米，第五层对边为5米。塔中设天室、地室各一。地室在底层塔内，边长2.8米，深2.2米，里面供有四面佛；天室在四层楼面下，边长1.2米，高0.8米，留作供放宝物。

塔刹高9.6米，相轮直径2.4米，由覆钵、仰莲、相轮、华盖、三花蕉叶、宝珠、刹链、风铃等组成，重约12吨，黄铜铸就，外贴金箔，光华四射。华盖和水焰上各有4组8个和6组12个飞天女，水焰外圈、7重相轮和4个方位刹链上，以及各檐层下共设置了108个风铃。

登上宝塔，东望苏州古城，南看苏州新区和大运河，可见北面的虎丘山和西面的狮子山，吴中美景几乎尽收眼底。

此外，在宝塔里还有一通诗碑，是由研究文徵

■ 宝塔内佛像

明的专家周道振集文徵明的字，而书写的《枫桥夜泊》。诗碑重现了以往碑刻大家的风范，为宝塔再次增辉。

然而，在日本侵华期间。日本人松井石根企图盗夺寒山寺的诗碑。爱国志士钱达飞挫败了松井石根的夺碑计划，用自己的生命护住了这通珍贵的诗碑。

后来，寒山寺又经修葺。藏经楼修好后，改名为霜钟阁。当时，为寺院题咏的共有90多人，诗词150多首。

藏经楼系原来收藏陈放经书处，楼屋顶有《西游记》中孙悟空、唐僧、猪八戒、沙悟净的雕塑像。

一楼内墙壁上嵌有《金刚般若波罗蜜经》的经文。还嵌有明代杰出书画家的书法碑刻。

然而，由于世事动荡，寒山寺始终处在危境中，香客稀少，门庭冷落，收入无着。在这种境况下，很多僧侣都被迫离开寺院。

日本侵略军侵占我国苏州时，寒山寺的殿堂房舍曾经一度沦为日军的仓库和马厩。当时，寒山寺仅有两三名寺僧。然而，即使是这几个僧人，日子也异常地艰难，只能够依靠经营浴室、菜馆或卖字卖帖，勉

■ 寒山寺的"枫桥夜泊"碑刻

苏州 地处长江三角洲，位于江苏省东南部，古称吴郡。自文字记载以来已有4000多年的历史。苏州古城始建于公元前514年，589年更名为苏州。苏州历史悠久，以"上有天堂，下有苏杭"而驰名中外。

强糊口。

作为具有1000多年历史的千年古刹，在岁月和战火的洗礼下，寒山寺很多地方都遭受过不同程度的损坏。因此，对寒山寺的保护工作显得尤为迫切。新中国成立以后，人民政府及有关部门对寒山寺进行了多次修复。

寒山寺大体修好之后，主持修葺的谢孝思感到，入门右边特别空旷，就打算在寺的右边空闲处建一楼阁，既增景观，又可供往来人们休息。

据史料记载，寒山寺曾经有一座"枫江第一楼"，后来毁于战火兵灾。于是，谢孝思开始筹划恢复"枫江第一楼"。

就在谢孝思冥思苦想之际，当时"文管会"的胡觉民跟他提起在修仙巷宋家有一栋楼阁，叫花篮楼，建筑虽已颓败，但是雕刻却十分精致。

花篮楼的楼房只有两根主柱，恰似花篮的提手，承受着全楼的重量，而一般的楼房，起码要有四根以上的柱子。

一楼在大梁与前檐的接榫处，换上了两个雕刻精细的花蓝。

盘旋而上的螺旋式的楼梯，只依靠一根圆柱来承受全楼梯的重量。

花篮楼在建筑风格上，与众不同，有其一定艺术价值。

二人商量好后，就来到宋家说明来意。宋家兄弟深明大义，把花篮楼设计图无偿地捐赠给寒山寺。

当枫江第一楼建成后，谢孝思等人前去观看，花篮楼不大不小，油漆一新，工程人员又选来一套古色古香的桌椅安于楼内。简直就像天造地设的一样。

花篮楼内悬有著名画家吴伯韬的《烟雨图》，两侧竹刻联是明末政治家史可法书名句："斗酒纵观廿四史；焚香静对十三经。"横额由谢孝思请他的老师吕凤子先生隶书五个大字："枫江第一楼"。从此后，七级宝塔与枫江第一楼就如寒山寺的两颗明珠，巍然屹立。

寒山寺的钟楼为二层，八角。楼下的石碑为重修寒山寺时所立的，正面碑文为程德全所撰，碑的背面刻有重修寒山寺时募捐者的名字和金钱额。

现在的钟楼建筑和钟都不是唐代的，钟也是清代

楼阁 是我国古代建筑中的多层建筑物。早期楼与阁有所区别，楼指重屋，多狭而修曲；阁指下部架空、底层高悬的建筑。后来楼与阁互通，无严格区分。楼阁多为木结构，构架形式有井幹式、重屋式、平坐式、通柱式等。佛教传入中国后，修建的佛塔即为楼阁建筑。

■ 寒山寺钟楼

光绪命人重铸的，距今已有100多年的历史。

传说张继诗中的钟就是悬于原来这里的钟楼楼上。诗人张继去唐时首都长安赴考落第返回时，途经寒山寺，夜泊于枫桥附近的客船中，夜里难以成眠，听到寒山寺传来的钟声，有感而作。

现在，除夕听钟是寒山寺多年来的一个重要活动，每逢除夕，人们都不远千里，专程前往寒山寺聆听那108下祈祝新年的钟声。

寺院奇观

独特文化底蕴的名刹

长安 西安古称，从西周到唐代先后有二十一个王朝及政权建都于长安，总计建都时间超过1200年。是世界历史及中国历史上一座著名都城。

阅读链接

关于寒山寺为何要敲108响钟声，历来有两种说法，一种来自佛教，一种来我中国节气。按照佛教传说，凡人在一年中有108种烦恼，只要闻听钟声，便可"烦恼清，智慧长，菩提生"。所以，每年除夕之夜，中外信士云集寒山寺，聆听钟楼中发出的108响钟声。

另一种说法是，每年有12个月、24节气、72候，即五天为一候，相加正好是108。敲钟108下，表示一年的终结，有除旧迎新的意思。不管是来自哪种传说，都表达了人们"辞旧迎新，祈祷平安"的美好心愿。

悬空寺

悬空寺又名玄空寺，始建于1500多年前的北魏王朝后期，位于山西浑源县。是我国最著名的一座悬空寺，也是我国仅存的佛、道、儒三教合一的独特寺庙，是我国古代建筑的精华体现。寺内共有殿阁40间，利用力学原理半插飞梁作为寺基，巧借岩石暗托梁柱，其建筑特色可以概括为"奇、悬、巧"3个字。

太武帝听信谗言大肆灭佛

在我国南北朝时期，统治北方的是北魏王朝。北魏为了统一北方，巩固在中原的统治地位，把百姓都训练成军兵。

那时，由于沙门历来可以免除租税、徭役，所以锐志进取的太武帝就在438年下诏，凡是50岁以下的沙门一律还俗服兵役。

■悬空寺全景

随着政治势力的分裂，道教也分为南北天师道场。北魏的统治者为了借助道教的神权，进一步巩固统治地位，把道坛也从平城移至于恒山。

同时也是为了让道士倾心炼丹，以满足他们长生不老的愿望。道坛地处金龙峡谷口的翠屏山，远离人烟，更符合道家的"不闻鸡鸣犬吠"的建观理念。

491年，建筑师按照寇谦之道长"上延宵客，下绝嚣浮"的遗训修建了"崇虚寺"，后来人们根据崇虚寺建筑悬空的特点，改称"悬空寺"。自北魏以后，历代王朝都对悬空寺进行过修缮。

太武帝后来听信宰相崔浩的谗言，改信寇谦之的天师道，排斥佛教，并渐次发展成为灭佛的行动。

崔浩自幼养尊处优，又生得俊朗。不仅博览经史，阴阳五行，精通百家之言，而且深研义理，出类拔萃。崔浩承继父业后，入仕朝廷。

从道武帝至明元帝，官至左光禄大夫，父子俩都是朝廷的近臣。

由于崔浩主张利用汉人，实行汉制治国，得罪了部分鲜卑贵臣。太武帝迫于众人的非议，让崔浩暂时辞官在家，然而大小国事，仍由崔浩决定。

寇谦之早年就热衷仙道，修持由汉末张道陵、张衡、张鲁创立传承的五斗米道，跟随方士来到华山、嵩山学道修炼，自诩曾经有太上老君授他天师之位及《云中音诵新科之诫》。

■ 太武帝（408年—452年），北魏太武帝拓跋焘，字佛狸，鲜卑族，北魏第三任皇帝。在位期间，亲率大军灭亡胡夏，北燕，北凉等诸多政权，统一北方。在位29年，谥太武皇帝，庙号世祖。

道场 梵文的意译，音译为菩提曼拏罗。如《大唐西域记》卷八，称释迦牟尼成道之处为道场。后借指供佛祭祀或修行学道的处所。也泛指佛教、道教中规模较大的诵经礼拜仪式。

寺院奇观

独特文化底蕴的名刹

■ 悬空寺门匾

五斗米道 也就是天师道，它是道教早期的重要流派。关于它的起源，学术界有两种观点：传统认为，五斗米教是张陵于126至144年在四川创立的；一种认为由张修在184年前创立于汉中。

寇谦之选中崔浩，是因为他认为崔浩是最合适的人选。而崔浩也想借助寇谦之的道教，拉拢太武帝，借助皇权，实行自己汉化的主张。

于是，崔浩上书时极力推荐寇谦之。在上书中，崔浩先是赞太武帝圣德清明，又吹捧寇谦之如神如仙，莅临北魏，是上天降下的吉兆。圣上不该受到世俗的干扰，应秉承天命，顺天应命。

这个办法果然奏效，太武帝闻奏之后十分高兴，立刻派人将天师接到宫中，并派人奉皇帛、牺牲，南下祭祀嵩山，还将寇谦之在嵩山的弟子接到平城。于是"天师""帝师"，一齐拥来，宣布天下，显扬新法，道业大盛。

寇谦之在宫中辟谷不吃任何食物，依然精神奕奕。他扶乩请神，画符镇灾，祈求太平；讲经论道，施术弘教，深得太武帝器重。

寇谦之位居帝师之位，便发布遵老君训诫改革天师道。同时，考虑到大魏治国必须用到儒学，而自己幼不好儒，成为缺陷。

现在应急起直追，请教大儒崔浩，崔浩有求必应，急需应用，稍稍弥补了自己的儒学空白的短处。崔、寇两人用儒道治国的策略，在朝中逐渐得到各大臣的赞许。

随后，太武帝在平城东南建立天师道场，自称太平真君，并且亲受符箓，兴建静轮天宫，奉祀太平真君，改年号为太平真君，成了十足的道教徒。

寇谦之为了取得皇帝的信任，他大显身手，积极参加了北魏的军事行动。

425年，大夏王赫连勃勃病亡，他的儿子赫连昌继位。对是否西伐大夏，北魏的朝臣意见并不统一。

崔浩主张征战，长孙嵩主张讲和，而太武帝本人则倾向于主战，意志不坚定，于是，特意请来寇谦之

辟谷 即又称"却谷""断谷""绝谷""休粮""绝粒"等即不吃五谷，而是食气，吸收自然能量。过去道家当作修炼成仙的一种方法，而今是辟谷养生指导师运用能量来修养身心。

大儒 也称为鸿儒，多指有学问、品德高尚的知识分子。旧时指学问渊博的著名学者。在我国历史上出现的大儒有很多，如孟子、朱熹、顾炎武等。

西夏 由党项人在我国西部建立的政权，世代割据相袭。公元1038年，李元昊建国时便以夏为国号，称"大夏"。又因其在西方，宋人称之为"西夏"。

■ 悬空寺建筑

独特文化底蕴的名刹

■ 恒山悬空寺佛像

"天师"决定吉凶。

　　寇谦之首先同意崔浩的意见，又自认为大夏历来穷兵扩战，民心不安，又新丧国君，政局不稳。如出兵征伐，一定会一石三鸟，取胜而归。于是，寇谦之在宫中，大做法事，祈祷胜利。

　　寇谦之对太武帝说："此战必克，陛下以武应天运，当以兵定九州，后文先武，以成太平真君。"

　　太武帝听了寇谦之的话，十分高兴，于是亲率1.8万名轻骑西征，结果大挫西夏元气，俘敌军数万，缴获牲畜10万多头，劫掠夏人1万多家后凯旋。

　　就这样，寇谦之以他的道术、法术和权术、谋术，连连相扣，术术应手，终于在鲜卑族的大魏站稳了脚跟，实现了"国师"的梦想。

　　寇谦之改革后的新天师道，在北魏轰轰烈烈地发展着。太武帝崇奉天师，显扬新法，并下诏给寇谦之

鲜卑族　我国古代北方阿尔泰语系游牧民族，其族源属于东胡部落，兴起于大兴安岭山脉。先世是商代东胡族的一支。曾归附东汉。漠北的匈奴并入鲜卑后，势力逐渐强盛。

和他的弟子们授予高官显爵，但是却被寇谦之婉言谢绝。太武帝下令百官对寇谦之要用对待神仙的礼节来对待他。

太武帝还下令，专门为寇谦之师徒在京城东南修建了一座5层高的道坛，遵照他的新经理论，取名"玄都坛"。

道坛里居住道士100多人，都由朝廷供给衣服和食物。道士和道徒每天都要"斋肃祈请，六时礼拜"，每月举行一次"厨会"，有数千人参加，费用都由朝廷供给。

440年是太延六年，太武帝根据寇谦之的建议，改元"太平真君"，后来又被寇谦之邀请，亲自到道坛接受符箓。

从此以后，北魏的历代皇帝即位时，都到道坛受符箓，并成为一种法制，依此作为鲜卑拓跋部统治汉族的一种依据。

在寇谦之去北魏平城以前，朝廷上下多信仰佛教，寇谦之的新天师道得到太武帝的崇奉之后，自然影响到佛教的发展，但是当时太武帝对佛教并没有恶意。后来，太武帝发现某些僧尼不守清规，非

■ 古老的铜门环

独特文化底蕴的名刹

清规 我国禅宗寺院也叫丛林组织的规程和寺众，也称清众的日常行事的章则，也可说是中世以来禅林创行的僧制。后引申为谓供人遵循的规范；指佛教或道教规定信徒应守的清规。

三武一宗 又称"三武之祸"，指的是北魏太武帝灭佛、北周武帝灭佛、唐武宗灭佛这三次事件的合称。这几位皇帝曾经发动过毁灭佛法的事件，使佛教在我国的发展受到很大打击。

常怨恨，才下令禁止僧俗来往。

446年，太武帝发现长安佛寺的僧人与起兵反魏的胡人盖吴有关，便下令诛杀长安沙门。第二年，太武帝又下诏各州杀僧人、毁佛像，禁止百姓信佛。

一时间，北魏的佛教受到了摧毁性打击而渐趋衰败。这就是历史上有名的"三武一宗"灭佛事件的"太武灭佛"。然而，寇谦之对太武帝的灭佛活动，并不太热心，甚至反对。他认为道教已经处于国教地位，佛教已经无力相争，没必要排斥佛教。

寇谦之认为新天师道吸收不少佛教义理。道佛互相融合，可以共处，根本没有发展到你死我活的地步。寇谦之更认识到以太子晃为首的鲜卑贵族崇佛抑道，排斥佛教过于激烈，势必要影响到政局的稳定。一旦政局不稳，也不利于道教的发展。

所以，对于执意灭佛的崔浩，寇谦之曾经多次和崔浩争辩利害得失，崔浩就是不听。崔浩想用儒家思

■寺内古老的佛像

■ 悬空寺也可称为玄空阁

想来治国安邦，以削弱贵族势力。寇谦之意识到，崔浩的做法只是逞一时之快，最终会招致杀身之祸的。

寇谦之不仅想到了崔浩的未来灾难，他也想到了自己的现状。他以太武帝名义修建"静轮天宫"因"必令其高不闻鸡鸣狗吠之声，欲上与天神交接，功役万计，终年不成"。

这点遭到了皇太子一伙人的非议："寇谦之想以无止境的时间，办到不可能办到的事，费损财力，疲劳百姓，恐怕不太合适吧？"

太武帝也认为皇太子们的非议有一定道理，寇谦之更是清楚这个内情。寇谦之还意识到他所招收的新老弟子，入京城之后，个个贪图享受，无所长进，自己却已经年过80，道教后继无人，而静轮天宫已经历时18年，还是竣工无期，这种情形让寇谦之也感到力

新天师道 我国5世纪的一个道教派别，它的创始人是寇谦之。这个新的道教不论是在教义教规上，还是在组织制度上，都集合了以前所有教派的优点。不久，朝廷就下令对佛教进行打击，把道教立为国教。

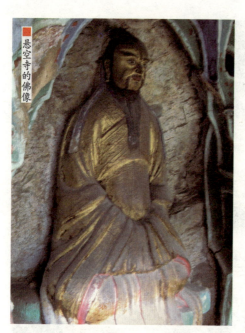
悬空寺的佛像

不从心了。

寇谦之感到生命快到尽头。有一天，他对弟子们说："当我寇谦之在世之日，你们可以求得荣华富贵，一旦我去世，这静轮天宫真的很难修成啊！"

449年，寇谦之预言不久后的一天夜里，他在尚未完工的静轮天宫里病逝，享年83岁。

寇谦之病逝不久，崔浩也因为他撰《魏史》时在书中蔑视胡族而遭到腰斩的刑罚，并且因为这件事被诛连100多族人。

七年以后，太武帝的孙子文成帝继位为第四代皇帝。他一反曾经太武帝的所作所为，立即展开"复法"活动。复法行动迅猛至极，一时"天下成风，朝不及夕。往时所毁庙寺，仍还修矣。"

寺院奇观

独特文化底蕴的名刹

阅读链接

关于悬空寺的建造，民间传说是由鲁国著名的发明家鲁班修建的。而且最早的时候，悬空寺一边还有一座桥，横跨金龙口，像一座彩虹和天峰岭、翠屏山相连，桥上还有一座云阁，叫云阁虹桥。

话说，鲁班兄妹前去恒山游玩。兄妹俩走到金龙口，正赶上大雨。因无处避雨，兄妹便商议在这里修一座亭子，以便过往行人避雨。妹妹修桥心切，草草完工，没几年就塌了。鲁班修的悬空寺却很结实。如今，在修云阁虹桥的地方，石壁上仍见"云阁虹桥"四个大字。

文成帝复法后三教融合

北魏太武帝的孙子文成帝宣布复法后，道教的发展势头被遏制了，佛教却以极快的速度迅速膨胀起来。这种膨胀带来的直接后果就是僧人不在寺庙念经，到处云游，结交村舍的地痞流氓，极大地干扰了当时的社会秩序。

这种状况的改变是从孝文帝开始的。孝文帝当政以后，坚持把儒学放在三教的首位，大力发展儒学。孝文帝设立很多学堂，以供学习儒家经典，并采取爵禄奖赏等办法，推动民众学习。不仅如此，孝文帝还亲自给臣僚阐释讲解儒家思想。

佛教在孝文帝当政时，不仅势力极

■ 孝文帝（467年—499年），魏孝文帝拓跋宏，北魏王朝的第七位皇帝，初姓拓跋，后改姓元。我国古代杰出的政治家、改革家，即位时仅5岁。孝文帝的改革促进了各族人民的融合和发展。

独特文化底蕴的名刹

历劫 佛教语，谓宇宙在时间上一成一毁叫"劫"。经历宇宙的成毁为"历劫"。后统谓经历各种灾难，历劫也是佛教的修行法门，要经过三大劫的修福修慧，再经过百劫时间的修相好，然后才可以圆成佛道。

度膨胀，还因它极度抽象玄妙的理论获得了深厚的群众基础。面对这种情况，孝文帝一方面继续支持它的发展，另一方面，又对佛教加以控制，使佛教的发展不至于危害到政权的统治。

道教在孝文帝时期，势力已经大不如太武帝时期，但是它"始终站在儒学与王权一边"。道教"维护名教"的立场对维护统治者的统治有很大的好处。因此，孝文帝当政以后，继续给予一定的人力财力资助，保持适度的发展规模，维持它的存在。

通过孝文帝的努力，到了北魏后期，儒释道三教之间的关系得到了有效的调和，并形成了先儒后佛，辅以道教的发展格局。

我国山西自古就是兵家必争之地，同时也是华夏文化融合的先驱。在这个地方建造悬空寺，自然是把兼容并蓄发挥到了极致。悬空寺的最高处主殿，也就

■ 悬空寺远景

是三教殿，此殿是最能体现儒释道三教合一这一特点的地方。

三教殿内佛像

主殿内正中端坐着佛教的创始人释迦牟尼，慈善安详，左边是儒家始祖孔子，微笑谦恭，右边是道教宗主老子，清高豁达。

释迦牟尼看上去泰然自若，悠然自得。的确，佛陀一生历劫成道，悟出高深的思想智慧，成为三界的导师，实属功德巍巍。与孔子同样屈居次位的老子神态安详，笑意盎

佛陀 简称为"佛"，意为"觉悟者"。佛陀包含了"断""证""功德""四身""五智"。相传古印度的王子悉达多出家修道后功德圆满，被称为"无上正等正觉"佛陀。

■ 孔子（前551年—前479年），名丘，字仲尼，春秋末期，山东曲阜人。我国古代伟大的思想家和教育家，儒家思想的创始人。孔子集华夏上古文化之大成，被后世统治者尊为孔圣人。

■ 悬空寺内佛像

庄子 姓庄名周，字子休，庄子是我国先秦（战国）时期伟大的哲学家、思想家、文学家。原系楚国公族，楚庄王后裔，后因乱迁至宋国，是道家学说的主要创始人之一。与道家始祖老子并称为"老庄"，他们的哲学思想体系，被思想学术界尊为"老庄哲学"，然文采更胜老子。代表作品为《庄子》，名篇有《逍遥游》《齐物论》等，庄子主张"天人合一"和"清静无为"。

然，一副与世无争的道家本色。

三教殿内的儒释道在友好的气氛中和平共处，这不仅体现了儒家的"和为贵""仁者爱人""智者见智"的思想，以及道家的"无量度人""礼度为先"的追求，同时还体现了佛教的"普度众生""大慈大悲"的慈悲心肠。

三教思想的融合和升华，为指点人世化解矛盾纷争做出了榜样。这样世间罕见的释道儒三教始祖同居一室的情况，正是古人的聪明之处。

我国历代的统治者所信仰的不外乎是这三种宗教，因此，不论怎样改朝换代，悬空寺都能迎合不同统治者的需要，它所受到的庇护是其他寺庙所无法比拟的。即使地处兵家必争之地的恒山，悬空寺不但没有遭到破坏，历朝历代还加以维修、完善，足以说明天下渴望和平的无穷力量。

其实这种"三教合一"的宗教思想源于特定的历

史时期。

魏晋南北朝时期，普遍流行着谈黄老、谈庄子、谈周易的"三玄"之风；在民间流行着道教与佛教。

从汉代末年开始，我国经历了将近四百年的社会大动乱。关于国人的信仰，历来就有"盛世信皇帝，乱世信神仙"的说法。

从北魏到辽金年间，北方地区各民族开始不断地融合，宗教信仰也相互渗透，从而出现了"三教合一"的宗教思想。

在三晋人士中，最早主张三教兼容的是东晋的高僧慧远。慧远视佛教为内道，儒教为外道，按照他的说法"内外之道，可合而明矣"。也就是说，把儒学和道学渗入佛学，更能弘扬佛法。三教兼容在山西寺庙中的反映最为明显。

新中国成立后，党和政府高度关注悬空寺这座千年古刹。1957年，悬空寺被列为山西省重点文物保护单位，1982年，悬空寺列入全国重点文物保护单位。

慧远 慧远大师，俗姓贾，我国东晋人。居庐山，与刘遗民等同修净土，是净土宗的始祖。慧远勤思敏学，精通儒学，旁通老庄。21岁时，前往太行山聆听道安法师讲《般若经》，于是发心出家，随从道安法师修行。

周易 我国的古哲学书籍，是建立在阴阳二元论基础上对事物运行规律加以论证和描述的书籍，其对于天地万物进行性状归类，天干地支五行论，甚至精确到对事物未来发展做出准确预测。

阅读链接

恒山悬空寺的三教殿中，供奉着老子、释迦牟尼、孔子的塑像。高平县上董峰村圣姑庙中的三教殿，也有三教创始人的塑像。娄烦县的三教寺，不仅大雄宝殿内供奉三教创始人，寺内还有道家的文昌庙、儒家的孔庙。稷山县青龙寺壁画，更是三教人物济济一堂。

看来三晋人士并不赞成三教之间的互相攻击，力求从三教圆融中汲取精神力量。而在山西众多三教兼容的寺庙中，最具代表性的仍是恒山的悬空寺。

悬空建筑史上的一朵奇葩

■ 悬空寺的龙头木雕

悬空寺始建于北魏时期，修建在恒山金龙峡的悬崖峭壁间，面对恒山，上面是危岩下面是深谷，整个楼阁悬在空中，结构巧奇。这座纯木的建筑，远远望去就像一座玲珑剔透的浮雕。

悬空寺屹立在悬崖峭壁上已有1500多年的历史，与我国历朝历代的名山古刹相比，悬空寺具有很多独一无二的特点。而这些特点主要体现出古典建筑手法。

悬空寺的建筑特色主要体现在三方面：一为悬，它远离地面50多米，栈道巍巍；二为巧，它因地制宜，立体空间发展；三为奇，它选址创新，能在悬崖上建庙宇。

在悬空寺最初建立的时候，寺院曾经高出地面近100米，而支撑寺院的仅仅是十多根碗口粗的木柱。

古人有云："谁结丹梯高万丈，我闻佛法演三乘。凭虚顿悟心无往，好步禅关最上层。"

■ 支撑寺庙的木柱

悬空寺最大的特色就是悬，它的悬，在"欲接近天空脱离尘世"方面，有着独具匠心的体现。在峭壁上凌空而构的悬空寺，最高的三教殿离地面58米。

据说，从前悬空寺比起现在的还要更加悬，由于人们在紧靠寺庙上方的峡谷上修水库，大量的碎石泥渣倾泻下来，使得河床抬高，悬空寺也因此而"变矮"了。

尽管如此，"变矮"了的悬空寺仍然让人惊叹，这组古老的建筑只用了10多根碗口粗的木柱支撑着。不仅如此，连接两楼的栈道也是完全悬空的，支撑的

金龙峡 风景区位于翠岭北麓的将军山西侧，原始植被保存完整，有"万亩槐林氧吧"之称。以"瀑布群落、林海氧吧、大峡风光、九峰叠翠、原始人文"五绝称著，是我国北方第一原始大峡谷。

■ 悬空寺山崖上的石刻

几根木柱也不完全受力，有些木柱我们用手甚至都可以晃动。

"上载危崖，下临深谷"，其中的惊、险不言而喻，再加上悬空寺下面支上的木柱给人以错觉，以为整个建筑就只是这么几根细细的木头支撑着，加重了"悬"的气氛，寺悬人心更悬。

站在楼上往下看，峭壁就像刀削似的立在身下，向上看则是危峰耸入云霄，人也像这寺的名字一样悬在半空中。

清代文人吴礼嘉在《题悬空寺》中这样写道：

> 飞阁丹崖上，白云几度封？
> 梦悬千涧月，风落半空钟。
> 树抄流清梵，檐前宿老龙。
> 慧光千万丈，日夕满恒宗。

恒河沙 佛教用语，在佛教经典中常用来比喻数量之大，也作恒沙。恒河发源于我国西藏的喜马拉雅山，由于源高且远，河宽且长，河中的沙细且多，为阎浮提诸河所不能相比，又为大家所悉知悉见，所以佛说法时，常以譬喻极多之数。

同代文人王湛初也有首诗《游悬空寺》，诗中写道：

谁凿高山石，凌虚构梵宫。
蜃楼疑海上，鸟道没云中。
莫讶星枢近，应知帝座通。
恒河沙作观，大地总成空。

后来介绍悬空寺的人则把吴礼嘉的《题悬空寺》和王湛初的《游悬空寺》合在一起，共同来形容悬空寺的"悬"。

飞阁丹岩上，白云几度封。
蜃楼疑海上，鸟道没云中。

在两首诗中各挑一句写的最妙的诗句来形容悬空

■ 以"悬"闻名的建筑群

■ **千手观音** 又称千手千眼观世音、千眼千臂观世音等。千手观音是阿弥陀佛的左协助,与阿弥陀佛、大势至菩萨(阿弥陀佛的右胁助)合称为"西方三圣"。

禅房 佛教寺院建筑的一部分,僧徒尼姑的静修居住、讲经诵佛的房屋,也泛指寺院。禅也是古印度梵语的汉语译音词"禅那"的简称,后为佛教所吸收,为"三无漏学"与"六度"之一,是佛教禅宗的一种修持方法。

寺,真是将悬空寺的"悬"展现到了极致!

悬空寺的第二大建筑特色是巧,它的巧,可以说是巧夺天工。在悬崖峭壁极其有限的空间里,要建造一座蔚为壮观的寺院实属不易,我们不得不惊叹古人在设计上的奇思妙想。

整个寺院,背岩依龛,寺门向南,以西为正。全寺为木质框架式结构,依照力学原理,半插横梁为基,巧借岩石暗托,梁柱上下一体,廊栏左右紧连。

悬空寺的总体布局以寺院、禅房、佛堂、三佛殿、太乙殿、关帝庙、鼓楼、钟楼、伽蓝殿、送子观音殿、地藏王菩萨殿、千手观音殿、释迦殿、雷音殿、三官殿、纯阳宫、栈道、三教殿、五佛殿等构成。殿楼的分布都对称中有变化,分散中有联络,曲折回环,虚实相生,小巧玲珑,空间丰富,层次多变,小中见大。

悬空寺的所有建筑一共占地仅有152.5平方米，却建有大小殿阁40多间，大的殿阁不超过40平方米，小的还不足5平方米。悬空寺因岩结构，扬长避短，平面面积不够，就设法把寺院立起来，充分利用了建筑物的立体空间。

寺院房间高低上的连接问题，则巧妙地利用天窗、石窟、栈道。40多间殿堂就在对称中有变化，变化中有联系的情况下巧妙地连为一体。整个建筑群体沿山峰的走向由南向北逐步升高，暗含着道家修炼、得道、成仙的神化过程。

寺庙布局既不同于平川寺院的中轴突出、左右对称，也不同于山地宫观，依山势逐步升高的建筑格局，而是充分利用峭壁的自然状态，巧妙和谐地将一般寺庙的平面建筑建造在立体的空间中，山门、钟鼓

送子观音 我国旧时的妇女崇拜佛教中的送子观音，相信观音能够送子。观音在佛教中并不是最高神，但有了送子一说，他在我国影响很大。观音是随着佛教而进入中国的，并受到中国文化的巨大影响而发生变化。

■ 悬空寺共有40多间佛殿

悬空寺佛像

■悬空寺佛像

楼、大殿、配殿没有一个缺少的。

殿楼分布对称中有变化、分散中有联系，层次多变而不单调，走在小小的内室中，不仅不觉得拥堵，反而觉得有种浑然天成的感觉，令人不得不叹服于古代匠师的鬼斧神工。

楼阁里的设计也极其巧妙，不仅有悬梯、天窗、屋脊、栈道的巧妙搭配，而且路线的设计也独具匠心，游览整个寺庙，绝对没有出现重复的路线。在小小见方中达到这样的浑然天成，足以体现中设计者的匠心独具和古人高超的建筑本领。

整个建筑的布局也是在随山势变化的情况下互相映衬。我国的建筑讲求写意对称，但是在这样一座依山而建的建筑中，对称的美和变化的美交相呼应。既不觉得它是我国传统建筑中的异类，又不觉得它设计呆板而缺乏变化。远远望去，小巧玲珑的建筑好像一件精心雕刻出来的艺术品紧紧镶嵌在峭壁间，简直是巧夺天工。

悬空寺不仅外貌惊险、奇特、壮观，建筑构造也很有特色，建筑形式也丰富多彩。屋檐有单檐、重檐、三层檐；结构有抬梁结构、平顶结构、斗拱结构；屋顶有正脊、垂脊、戗脊、贫瘠等。

悬空寺的总体外观重重叠叠，造成一种窟中有楼，楼中有穴，半壁楼殿半壁窟，窟连殿，殿连楼的独特风格，它既融合了我国古典园林建筑艺术，又不失我国传统建筑的格局。

悬空寺内现存的各种铜铸、铁铸、泥塑，石刻造像中，不少风格、体例具有早时期的特点，是具有较高艺术价值的珍品。

全寺建筑先为三宫殿，再为三圣殿，最后为三教殿。这些殿宇小巧玲珑，里面却大有乾坤。

垂脊 我国古代屋顶的一种屋脊。在歇山顶、悬山顶、硬山顶的建筑上自正脊两端沿着前后坡向下，在攒尖顶中自宝顶至屋檐转角处。垂脊上有垂兽作饰物。其中歇山顶垂兽在垂脊下端，其余则在垂脊中间偏下的地方。卷棚歇山、悬山、硬山等级较低，不一定安置垂兽和蹲兽。

■ 山西悬空寺

乾坤 八卦中的两爻，代表天地，衍生为阴阳、男女、国家等人生世界观。乾坤是中国古代哲人对世界的一种理解。《系辞上》认为乾卦通过变化来显示智慧，坤卦通过简单来显示能力。把握变化和简单就把握了天地万物之道。古人用以研究天地、万物、生命、健康等。

其中，三圣殿是悬空寺的重要殿堂，里面同时供奉佛教创始人释迦牟尼、道教创始人老子和儒教创始人孔子等三位圣人的塑像，是三教合一的独特殿堂。

由于这些殿堂都比较小，所以殿内的塑像也有些缩小的感觉，但是却精巧中透着心细，如同米上雕刻一般，虽小却依旧表情丰富，姿态奇特。

悬空寺的第三大特色就是奇，它的奇巧之处就在于它的因地制宜，布局合理。

清代人蒋觐在《题悬空寺》诗中这样写道：

结构何玲珑，层层十二空。

檐前千嶂合，涑外八荒穷。

法镜悬秋月，昙花映晓虹。

凌虚不如着，俗障共君融。

■ 悬空寺徐霞客遗迹

显然，悬空寺打破了传统的以中轴线为中心对称的寺庙建筑布局，而是顺沿着山势布局寺庙，以西为正，大门南开，整个建筑呈台阶式分布。

寺院由寺院、南楼、北楼三部分由南向北延伸而成。每部分都有一座三层式的楼阁，分组成南北二楼上下对峙，楼阁之间有起伏窄曲的栈道相通。

栈梯设计得十分紧凑，只有半米宽的走廊里，只能容纳一个人通过，真称得上是"险境"。

■ 半米宽的走廊

而当你站立在楼阁里，看到飞檐翘角与苍天群峰构成的画面时，又感到一种透彻心灵的壮美。

悬空寺还有一个更奇巧的便是，它是一个"三教合一"、佛堂、道殿双全的寺庙。既有佛教的三佛殿、释迦殿、地藏殿、观音殿、伽蓝殿，又有道教的太乙殿、三宫殿、纯阳殿和佛道共容的关帝殿，甚至还塑有孔子、释迦牟尼、老子于一殿的三教殿。佛教、道教、儒教始祖能在一个殿堂里供奉，这不能不

伽蓝 僧人伽蓝摩的简称，译为众园，即僧众所居住的园庭，也指寺院的通称。伽蓝神指保护伽蓝（寺庙）的神。佛说有十八神保护伽蓝，统称伽蓝圣众菩萨。以伽蓝菩萨关公形象为代表。

■ 悬空寺的彩绘门窗

仙阁 亦仙人的楼阁。亦借称道观或宫殿。唐代称尚书省。后来特指蓬莱阁。由于蓬莱阁下临大海，殿阁巍峨，重檐八角，绕以回廊，历代文人学士多聚集于此，又因"仙阁凌空"又为蓬莱十大胜景之一，故称蓬莱阁为"仙阁"。

说是一种独特的设计。

这座寺院的全部建筑都是悬挂在峡谷的石崖当中。翠屏峰突兀直起，但石壁中间略呈弧形，悬空寺则恰好定位在弧形的凹底。

石崖顶峰突出部分形成天然屋檐，把整个寺院罩在里面，周围高山保护它，使它免受狂风侵蚀，少受烈日暴晒。

据当地人讲，盛夏的时候，悬空寺一天只能见4小时的阳光，而严冬便见不到阳光了。

石崖上方突出部分成为天然顶棚，夏季暴雨降临时，雨水从寺顶突出的岩头上飞流直下，泻入谷底，便给这琼楼仙阁挂上了一排排晶莹的水帘，使悬空寺可以躲过雨水冲刷。

隔着雨帘遥望天峰岭，云遮雾障，山色若有似无，妙不可言。因为建筑全悬在半空，峡谷中汹涌的洪水也对它毫无损害。

这座建筑史上的奇观能这般长寿，很大程度上仰赖建筑大师们对自然环境的掌握以及对未来的预测。

站在悬空寺上面，透过木头的间隙往下望去，脚下便是万丈深渊。然而，悬空寺在我国古代可是交通要道，人们将寺院建在这里，是为了方便来往的信徒进香。

另外，寺前的山脚下有河水流过，这里经常暴雨成灾，河水泛滥，人们以为有天龙作祟，便想建浮屠来镇压，于是就在这悬崖上修建了悬空寺院。

很多人都以为，悬空寺是由它下面的碗口粗的木柱支撑而起的。其实有的木柱根本没有受力，真正支撑寺院的是插进岩石内的横木飞梁。

横木飞梁是用当地的特产铁杉木加工成为方形的木梁，深深插进坚硬的岩石里。

木梁用桐油浸过，不怕白蚁咬，而且具有防腐作用。阁楼的底座就铺设在这些横木之上。另外，悬空寺下面的立木也为整个寺院能够悬空起着重要作用。

这10多根木柱的每个落点都经过精心计算，有的木柱起承重作用，有的是用来平衡楼阁的高低，有的要有一定重量加在上面才能发挥支撑作用，如果上面空无一物，它就没有力量可以借助了。

进香 是指到圣地或庙宇烧香朝拜。佛教中，把烧香称为进香。在世间，人们把有子孙后代称为香火有人继承。在佛教中，继承香火，绍隆佛种更是意义重大。

浮屠 是《佛学大辞典》中的解释是：浮屠（杂语）也称作浮图，休屠。按浮屠，都是指佛陀之异译。佛教为佛所创。古人因称佛教徒为浮屠。佛教为浮屠道，后并称佛塔为浮屠。

■ 大岩石内的横木飞梁

浑源县 在西汉开始设立，在唐代定名，因浑河发源于县境内，因此叫浑源县。浑源县位于山西省东北部的大同盆地东南边缘，地处桑干河支流浑河中上游。

■ 榫卯结构 即在两个木构件上所采用的一种凹凸结合的连接方式。凸出部分叫榫或榫头；凹进部分叫卯或榫眼、榫槽，这是我国古代建筑、家具及其他木制器械的主要结构方式。

悬空寺曾经躲过无数次天灾。在浑源县的历史上有多次地震的记载。

6级以上地震就发生了两次，其中一次使浑源县城30%的房屋倒塌，给人民造成很大损失。悬空寺却安然无恙，主要原因是建筑上采用榫卯结构。

根据有关专家的猜测，悬空寺是一个典型的古代木结构建筑，不但悬空的楼阁靠木材支撑在悬崖上，楼阁本身的框架结构也是由木质的梁柱组成，形成一个榫卯结构。

榫卯结构的最大特点，就是能防震。它能够吸收震能，叫弹性结构。

这种结构的建筑在受到巨大外力作用时，部件彼此错动，当外力消失时又能恢复原状，所以不会遭到彻底破坏。这一结构的特性正是悬空寺在历次地震中能够幸免于难的主要原因。

悬空寺的头顶是翠屏峰两百米高的悬崖。从侧面

看，翠屏峰的立面是一个弧形。悬空寺所在的位置恰好是翠屏峰的最凹处，所以从山上滚落的岩石只会从悬空寺的前面直接落在地下，根本砸不到悬空寺。

悬空寺所处的位置在山上看是一个锅底。这个锅底上面，在雨季时候挡住雨；在日照的时候，它只有上午能够照几个小时，避免因暴晒而引起木质风化的现象。

此外，悬空寺所在的翠屏峰俯瞰是一个内收的弧形，对面的横山主峰也是一个内收的弧形。这就形成了一个天然的保护屏障，使得悬空寺能够历经千载而巍然屹立。

■ 悬空寺内佛像

阅读链接

1500多年以来，悬空寺饱经风雨侵蚀却没有发生变化和塌落，和它所选择的环境是有密切关系的。两座山的山峰就像两只手一样包拢着悬空寺，使悬空寺的日照时间很短。

两山之间的金龙口峡谷与其他峡谷也不一样，浑源河从悬空寺脚下流过，悬空寺却干燥异常，峡谷的谷底风很大，但悬空寺的风却非常小。这是因为峡谷的出口十分狭小，不管多大的风吹进谷底，到了悬崖的凹处就会变小，大风吹走了浑河的水气，反而保证了悬空寺的通风和干燥。

诗仙李白挥毫留下墨宝

悬空寺以它的独特魅力吸引了古往今来无数的游人，许多文人墨客、专家学者慕名而来，为悬空寺留下了不少题咏之作。

735年，正值大唐盛世，李白远游来到恒山悬空寺，见此情景诗性大起，留下一首《夜宿山寺》。

李白更为悬空寺挥毫题字，留下令后世称奇的"壮观"两字，之所以称奇，一则李白流传诗歌虽多，但墨宝甚少；二则"壮"字边上多出一点，这并非笔误，在中国书法中，称为闲笔。可见一代诗仙不仅诗文卓

■李白（701年—762年），字太白，号青莲居士，唐朝诗人，有"诗仙"之称，我国古代伟大浪漫主义诗人。762年病逝于安徽当涂，享年61岁。其墓在安徽当涂。

■ 巍峨壮观的悬空寺

著，书法造诣也颇深。

李白的一生，绝大部分时间都在漫游中度过，游历了大半个中国。

当年，大诗人乘舟沿江而下，渐行渐远，家乡的山峦逐渐隐没在视野，只有从三峡流出的水仍旧跟随着他。

在山西游历的时候，李白还游览了悬空寺，第一次看到这样巍峨壮观的寺庙，李白不禁为之赞叹不已，并于当天晚上借宿在悬空寺中。

躺在床上，透过窗户看见天上的月亮，李白夜不能寐，他当即思如潮涌，写下了一篇流传千古的名篇

开元 是唐朝皇帝唐玄宗李隆基的年号，前后共计29年。开元的意思是开辟新纪元。开元初年，政治稳定，史称"开元之治。"开元年间，唐朝国力强盛，史称开元盛世。

神仙　神话传说中指一些具有特殊能力、并且可以长生不老的人；道家指所能达到至高神界的人物。比喻能预料或看透事情的人；又比喻逍遥自在、无牵无挂的人。

危楼高百尺，手可摘星辰。
不敢高声语，恐惊天上人。

李白在这首诗中，运用了极其夸张的手法，描写了寺中楼宇的高，抒发和表达了诗人向往神仙般生活的追求。

作品以极其夸张的技法来烘托悬空寺之高耸云霄。字字将读者的审美视线引向星汉灿烂的夜空，非但没有"高处不胜寒"的感慨，反给人旷阔感，以星夜的美丽引起人们对高耸入云的"危楼"的向往。

诗人夜临"危楼"，从"不敢"与"深怕"的心理中，我们完全可以想象到"山寺"与"天上人"的

082

寺院奇观

独特文化底蕴的名刹

■ 寺内古老的佛像

相距之近，这样，山寺之高也就不言自明了。

山上的这座楼好像有30多米高，站在楼上就可以用手摘下月亮和星星。我不敢在这儿大声说话，恐怕惊动了天上的仙人，全诗语言朴素自然，却十分生动形象。

这里，诗人发挥大胆想象，渲染悬空寺之奇高，从而将一座几乎不可想象的宏伟建筑展现在我们面前。把悬空寺的高耸和夜晚的恐惧写得很逼真，给人身临其境之感。

悬空寺的李白题字

第二天一大早，李白就要离开悬空寺了。他又觉得十分留恋，便挥毫在一块石头上书写下了"壮观"两个字。后来有人将李白的墨宝刻成石碑，使千年后，我们还能在悬空寺看到李白的传世墨宝。

阅读链接

李白存世的诗文有1000多篇，代表作有《蜀道难》《将进酒》等，有《李太白集》传世。李白一生不畏权力，藐视权贵，曾流传着"力士脱靴""贵妃捧砚""御手调羹""龙巾拭吐"等故事。李白肆无忌惮地嘲笑和批判当时的等级秩序、腐败现象。

在天宝末年，李白又把反权贵和广泛的社会批判联系起来，写出不少佳作。他对大自然有着强烈的感受力，善于把自己的个性融入到自然景物之中，使之笔下的山水丘壑无不具有理想化的色彩。

徐霞客心中的天下巨观

■ 徐霞客（1587年—1641年），名弘祖，字振之，号霞客，汉族，江苏江阴市人。伟大的地理学家、旅行家和探险家。作品被后人整理成《徐霞客游记》。

　　徐霞客是我国明代伟大的地理学家、旅行家和探险家。他出生在江苏江阴一个有名的富庶家庭。祖上都是读书人，称得上是书香门第。

　　徐霞客的父亲徐有勉一生不愿为官，也不愿同权势交往，喜欢到处游览和欣赏山水景观。徐霞客幼年时期受父亲的影响，喜爱读历史、地理和探险、游记之类的书籍。这些书籍使他从小就热爱祖国的壮丽河山，立志要遍游名山大川。

　　1633年，就是明崇祯六年的七月初，徐霞客从家乡江阴出发，计划北上进入山西考察五岳之一的恒山，也观赏了奇绝天下的悬空寺。

　　悬空寺距地面高约60米，最高处的三教殿离地面90米，因历年河床淤积，现仅剩58米。悬空寺发展了我国的建筑传统和建筑风格，

整个寺院，上载危崖，下临深谷，背岩依龛，寺门向南，以西为正。

全寺为木质框架式结构，依照力学原理，半插横梁为基，巧借岩石暗托，梁柱上下一体，廊栏左右紧密相联。徐霞客在游悬空寺时，盛赞其为"天下巨观"，以此形容他心中那种澎湃的心情。

地处黄土高原东部的山西，是我国古代文明的发源地之一，那里的名山大川，名胜古迹，以及蕴含其中的文化内涵，向为地理学家徐霞客所景仰，而游历考察恒山，则是他幼年蓄志游五岳计划中不可或缺的一部分。

但是，到40岁时，已经考察了祖国大半河山的徐霞客，还没有去过山西的恒山，他对好友王思任说：

■ 悬空寺大殿一角

085

恒山胜景

悬空寺

五岳 即东岳泰山、南岳衡山、西岳华山、北岳恒山、中岳嵩山。泰山和嵩山曾是封建帝王封禅祭祀的地方，更是封建帝王受命于天，定鼎中原的象征。

桂林 世界著名的风景游览城市和历史文化名城。桂林是广西壮族自治区最重要的旅游城市，享有"山水甲天下"的美誉。

独特文化底蕴的名刹

■五台山 位于我国山西省的东北部，与四川峨嵋山、安徽九华山、浙江普陀山共称为"中国佛教四大名山"。是中国佛教及旅游胜地，列中国十大避暑名山之首。2009年被联合国教科文组织列入世界遗产名录。

门阙 我国古代帝王的宫殿、官府、祠庙、陵墓前由双阙组成的出入口。也指皇宫门前两边的望楼，或墓道外的石牌坊。

"予所憾者浑源之北岳，桂林之千笋，未曾置足焉。"

徐霞客在48岁时，专程北上，终于完成了他的夙愿。对此，他的另一位友人谢德溥在他来到南京时，特意写诗相赠："祗今更赴恒山约，可似青柯眺白云。"

意思是说，现今你更可以还宿愿而游恒山了，其意境就如同在山上绿树间眺望白云时候那样舒心畅意了！

可见，徐霞客是以虔诚美好的愿望开始晋地之游的。徐霞客自如地游走在山野间的平路上，他眺望周围"高卑远近"，连绵不断的群山，询问并查访其名称景况。

当徐霞客得知东面一座斗峭的大山名为龙山时，没想到它竟然与恒山比肩而立。至此他已走到它的范围内，并观赏了它的真面目，这意想不到的收获，也可以作为游览五台山遗漏之处的弥补吧。

从龙峪口东行约10千米，折西北顺大道便可直抵恒山之下。在离恒山尚有五千米处，便见"其山两峰亘峙，车骑接轸，破壁而出"。

令徐霞客魂牵梦萦的北岳恒山，便这样气势宏伟地耸立在眼前。走近恒山时，只见"两崖壁立，一涧中流"。

恒山主峰由天峰岭与翠屏峰组成，两峰对望，断崖绿带，层次分明，形成天然门阙，称为金龙峡口。峡口两侧奇峰插天，壁岸无阶，两山之间一水若带、美如画卷。徐霞客以上描述与赞叹的正是恒山金龙峡口给游人的最初印象。

087

恒山胜景

悬空寺

■ 悬崖上的建筑

徐霞客还注意到，两边山崖上，都凿以石坎，其坎"大四、五尺，深及丈，上下排列"。他推测为"想水溢时，插木为阁道者，今废已久，仅存二木悬架高处，犹栋梁之巨擘也"。这是古栈道的遗迹。

金龙峡可说是石夹青天，最窄处不足10米。由于恒山东西绵延250千米，横跨晋、冀两省，西衔雁门关，东跨太行山，南障三晋，北瞰云、代，莽莽苍苍，横亘塞上，从而使两峰相夹的金龙峡口，成为古来的交通要冲，绝塞天险。

北魏时，道武帝发兵数万人，在这里劈山凿道，作为进退中原的门户。因此，峡口内的悬崖中腰，有古栈道盘绕，名为"云阁"。徐霞客所见之石坎，全

雁门关 又名西陉关，位于山西省忻州市代县县城以北约20千米处的雁门山中，是长城上的重要关隘，与宁武关、偏关合称为"外三关"。有"天下九塞，雁门为首"之称。

独特文化底蕴的名刹

栈道 在险绝处傍山架木而成的一种道路。《战国策·齐策六》："〔田单〕为栈道木阁而迎王栈道与后於城阳山中。"《史记·高祖本纪》："楚与诸侯之慕从者数万人，从杜南入蚀中。去辄烧绝栈道，以备诸侯盗兵袭之，亦示项羽无东意。"

是"云阁"遗迹。

顺峡谷行进，峡越隘，崖越高，北岳恒山的第一奇观悬空寺便出现在眼前了。徐霞客动情地描述着当时的观感：

> "西崖之半，层楼高悬，曲榭斜倚，望之如蜃吐重台者，悬空寺也。"

这望去恍若海市蜃楼般的悬空建筑，在西侧翠屏峰崖壁间，背西面东，经历代增建修葺，大致形成一座从低至高，三层迭起的楼阁殿宇群。

离地几十米，背靠绝壁，仍有三面环廊围抱。殿宇相互交叉，飞起栈道相连，高低相错，木梯沟通，曲折迂回，虚实相交，可谓妙不可言。

■ 寺内著名的古诗石刻

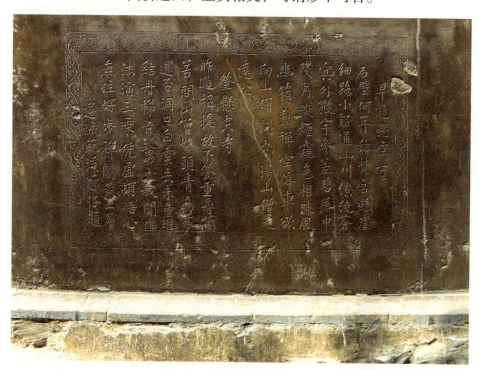

■ 悬空寺下的书法石刻

徐霞客顿有“仰之神飞”之感，便“鼓勇独登”，细览胜景，他描述说：

人则楼阁高下，槛路屈曲，崖既矗削，为天下巨观。而寺之点缀，兼能尽胜，依岩结构，而不为岩石累者仅此；而僧寮位置适序，凡客坐禅龛，明窗暖榻，寻丈之间，肃然中雅。

既有对“天下巨观”的惊叹，又有对布局奇巧，“肃然中雅”的赞美。徐霞客观览胜景后尽兴而归，当晚就住在了恒山庙山门侧的乡土人家，稍作休整，“为明日登顶计”。

八月十一日，风停树静，碧空如洗。徐霞客“策杖登岳，面东而上”。其行进的路线主要是望仙亭、

三晋 相传是山西省南部的翼城县。古称唐国，自古为晋南承东启西的咽喉要地。西周时周成王封叔虞于此，后曾改称晋。三晋文化实现了北方文化与中原文化的融合，对继承和发展中华民族文化做出了历史贡献。

虎风口、"朔方第一门"牌坊、寝宫、北岳殿、北岳山顶。

为了纪念徐霞客，山西人民在悬空寺旁边为他筑了一个亭子。每当读他的日记，后人便为他那种不避艰险，风餐露宿的科学考察精神所感奋不已。

新中国成立后，我国政府对悬空寺也是格外关注，悬空寺被列入全国重点文物保护单位。

为了加强对悬空寺的保护，悬空寺所在地政府对寺院进行维护。恒山悬空寺立足于旅游景区控制，合理调节时间，力求做到保护与开发并重。

阅读链接

《徐霞客游记》是以日记体为主的地理名著。明末地理学家徐霞客经过34年的旅行，写有17篇名山游记和数篇日记。徐霞客死后，后人把他的遗作整理成《徐霞客游记》。主要记述作者旅行观察所得，以及地理、水文、地质、植物等现象。

《徐霞客游记》是我国最早的一部比较详细记录所经地理环境的游记，也是世界上最早记述岩溶地貌并详细考证其成因的书籍。徐霞客一生除特殊情况外，几乎没有停止旅游。他的作品是地理学家和考古学家不可多得的研究材料。

大明寺

古城扬州北郊，蜀冈如卧龙般蜿蜒绵亘。名扬四海的千年古刹大明寺，就雄踞在蜀冈中峰之上。大明寺原名通慧禅寺，始建于宋代，元代改为大明寺。公元742年，著名僧人鉴真在东渡日本之前，曾经在此传经授戒，大明寺因此名闻天下，并在后来被誉为"扬州第一名胜"。

蜀冈峰上的千年名刹

古城扬州位于我国江苏省，是一座历史悠久的文化名城。在扬州北郊，蜀冈像卧龙一样蜿蜒在山川。名扬四海的千年古刹大明寺，就雄踞在蜀冈的中峰上。自从唐朝的鉴真大师东渡之前在此处传经授道后，大明寺更是名扬天下了。

无论大明寺还是它的附属建筑，都是内涵丰富的民族文化宝藏。它集佛教庙宇、文物古迹和园林风光于一体，在我国历代都享有盛名。

大明寺初建于南朝的刘宋孝武帝大明年间，也就是457到464年间。1500多年以来，寺名曾经多次被更改，如隋朝称为"栖灵寺""西寺"，最后才定名为大明寺。

大明寺的建筑是设计在一条南北中轴线上，整个寺院是采取依山势由低向高逐渐登升的布局，这也是我国寺院建筑较多采用的传统模式。寺内的主要建筑有天王殿、大雄宝殿、卧佛殿、栖灵塔、鉴真纪念堂、平山堂、谷林堂、欧阳祠、西园等。

■ 逐渐登升的寺院布局

寺院正门朝南，门前是一座古朴的牌楼。青瓦红柱，翘角飞檐，局部还有精致的彩绘。在4根柱子下有4块基石，没有任何支撑，独自昂立，十分伟岸。

在牌楼上方的正中，设有篆书"栖灵遗址"四个字的匾额，表示这座寺院就是古栖灵塔、古栖灵寺的旧址。在匾额背面有"丰乐名区"四个字，表明此地在原来是属于大仪乡丰乐区，所以才题写四字以示注明。牌楼是用上等的香材建筑而成，牌楼下面铺有白玉石。

牌楼前两侧面南有青石狮一对，是按照皇家园林规格要求而雕塑的。

大明寺的山门殿与天王殿共用一个殿堂。寺门两边的墙呈"八"字形垒起。左边东向的墙壁上镶嵌一块石刻，上书"淮东第一观"五个大字。右边西向的墙壁上镶嵌石刻，上书"天下第五泉"五个大字。

走过牌楼，穿过广场，顺着台阶向上走，就是大

皇家园林 为我国园林的四种基本类型之一。我国自奴隶社会到封建社会这一阶段，帝王君临天下，至高无上。与此相适应的，一整套突出帝王至上、皇权至尊的礼法制度也必然渗透到与皇家有关的一切政治仪典、起居规则、生活环境之中，表现为皇家气派。园林作为皇家生活环境的一个重要组成部分，形成了有别于其他园林类型的皇家园林。

■ "淮东第一观"
石刻

明寺的山门殿兼天王殿。此殿开大门三洞，正门上端嵌集《隋龙藏寺碑》"大明寺"三字石制匾额。

大雄宝殿是大明寺最主要的殿堂，体型雄伟，气势恢宏。

从山门殿兼天王殿的北门出来，攀登而上，在台阶的尽头就是大雄宝殿前的主空间。站在殿前空地的最南端，高大的大雄宝殿屹立在眼前。

有一条甬道通向大殿，在甬道间置有一尊宝鼎。这座三足二层六角的宝塔形宝鼎，矗立在花岗岩雕制成的莲花座上。宝鼎正面镌"大明寺"，背面镌"万年宝鼎"字样。

大雄宝殿坐北朝南，大三开间，屋顶是三重檐歇山顶，灰瓦屋面，镂空花脊。屋脊高处嵌有一面宝镜，迎面镶嵌砖刻"风调雨顺"四个大字，背面镶嵌砖刻"国泰民安"四字。这一说法出自佛家，意思是

大雄宝殿 在佛教寺院中，大雄宝殿就是正殿，也有称为大殿的。大雄宝殿是整座寺院的核心建筑，也是僧众朝暮集中修持的地方。殿中供奉本师释迦牟尼佛的佛像。大雄是佛的德号。宝殿的宝，是指佛法僧三宝。

大雄宝殿与天王殿诸佛诸神，担负着保护人间国泰民安、风调雨顺的重任。

上檐、中檐、下檐四周设置斗拱，使屋檐出挑，成翘角飞檐。中檐下悬"大雄宝殿"横匾。前后附加硬山披廊，内檐配24扇门格，后沿墙正中设门以通后院。

与栖灵塔北台阶相接的甬道直通卧佛殿。卧佛殿是单檐殿庑式建筑。建在高高的台基上，檐下正中处高悬"卧佛殿"金字匾。

卧佛殿坐北朝南，建筑面积为324平方米。大殿屋顶，下设望砖，上铺蝴蝶瓦屋面。东西两端套兽，颜色和屋顶的瓦色相同。屋脊正面嵌有"寂灭为乐"四字，背面嵌有"世界和平"四字。

殿外为花岗岩地面，殿内为方砖地面。殿内靠

宝鼎　鼎的一种称呼。为了衬托其珍贵而称为宝鼎。主要是指佛教的一种焚器，在古代大家寺庙用的多是三层宝鼎族，也是一种象征地位，代表着不同身份等级的物品。

■ 大明寺内的大雄宝殿

卧佛殿

后居中的位置有一座石榻，石榻上卧有一尊释迦牟尼玉佛。玉佛长5.8米，重18000千克，在国内极为罕见。

无数年以来，在能勤、瑞祥、能修等法师的主持下，大明寺的规模越来越大，中外宾客络绎不绝，千年古刹越来越大放光彩。

阅读链接

宋孝武帝在位期间对佛教是比较支持的。他善待高僧，整肃佛教的不正之风，对佛教的发展起到了促进作用。宋孝武帝敬重沙门，但对于僧团的混乱局面，他也曾诏令整肃沙门。

宋孝武帝作为一位比较支持佛教发展的皇帝，他礼敬高僧，整肃佛门，对佛教的正本清源起到了推动作用。

不过，他听从朝臣建议，对不礼敬他的僧人施加酷刑，遭到所有出家人的反对。因此，他既支持了佛教的发展，也伤害了僧人的情感。

鉴真东渡使古刹名扬海外

在我国四大古典文学名著中，《西游记》里的唐玄奘历尽磨难，到西天获取真经。然而，与玄奘西行方向恰恰相反的是，唐代著名高僧鉴真大师的东渡。

鉴真大师是我国唐代著名高僧，日本律宗的创始人。本姓淳于，江苏扬州人。

他14岁出家，18岁由道岸禅师受"菩萨戒"，20岁去洛阳、长安游学，21岁在长安接受弘景禅师的"具足戒"。

他还得到过大唐许多高僧的教诲，学习佛教艺术和医学知识。

鉴真大师游学回来后，再次

大明寺内鉴真和尚塑像

■ 杨坚（541年—604年），隋朝开国皇帝。汉族，陕西人。他在位期间成功地统一了严重分裂的中国，开创了先进的选官制度，发展文化经济，使我国成为盛世之国。杨坚是我国最伟大的皇帝之一，被尊为"圣人可汗"。

高适 我国唐代著名的边塞诗人，世称"高常侍"。高适与岑参并称"高岑"，其诗作笔力雄健，气势奔放，洋溢着盛唐时期所特有的奋发进取、蓬勃向上的时代精神。

回到了扬州大明寺。

601年，隋文帝杨坚为了庆贺自己的生日，下诏在全国建立30座塔来供养佛骨，大明寺中建有"栖灵塔"，塔高九层，宏伟壮观。所以，大明寺又被称为"栖灵寺"。

743年，当时是唐代天宝年间，大明寺律学高僧鉴真大师应日本僧人荣睿、普照的邀请，为弘扬佛法，开始筹划东渡日本。

然而，由于当时的条件有限，鉴真东行曾5次被风浪所阻，而他年岁已高。鉴真大师历经磨难，6次东渡，5次失败，后鉴真大师又双目失明。然而，他矢志不渝、终于在第六次东渡成功，在753年到达日本，达到了弘扬佛法的目的。

鉴真的到来，受到了日本朝廷的极大重视。日本天皇派遣特使向鉴真大师宣读诏书，表示慰劳和欢迎，并授鉴真大师为传证大法师，请他在奈良著名的东大寺设坛传戒。

日本的天皇，皇后，皇太子先后登坛，请鉴真大师受戒。接着，鉴真又为440多名僧人受戒，还有80人舍弃旧戒，由鉴真大师重新受戒。这是日本佛教史上正规传戒的开始。由于鉴真的努力，日本才开始戒律一宗，而鉴真大师就成了日本律宗初祖。

鉴真大师不但把我国的佛教带到日本，还带去了我国的建筑，雕塑，医学等技艺，他的弟子中多数擅长汉诗。这些都对日本文化产生了深远的影响。

由于鉴真大师在东渡之前，曾在大明寺宣讲佛法。从此后，大明寺更是名扬天下。

在大明寺里，比较著名的是九层高的栖灵塔。但是，843年栖灵塔却又一次遭遇劫难，被大火焚毁。845年，唐武宗诏令摧毁全国大寺4000多所、中小寺院4万多所，佛教徒称之为"会昌法难"，大明寺也没能逃过此劫，遭到极大的毁坏。唐代末年，吴王杨行密兴修殿宇，把大明寺更名为"秤平"。

唐代著名诗人李白、高适、刘长卿、蒋涣、陈润、刘禹锡、白居易等都曾经登临大明寺，并留下了千古绝唱。

然而，令人遗憾的是，栖灵塔自从845年被毁灭以后，大明寺就只剩下"栖灵遗址"，而没有栖灵宝塔了。直到后来

■ 栖灵塔

诏书　皇帝布告天下臣民的文书。在周代，君臣上下都可以用诏字。秦王政统一六国，改命为制，令为诏，从此诏书便成为皇帝布告臣民的专用文书。汉承秦制，唐、宋废止不用，元代又恢复使用。明代用诏书宣布重大政令或训诫臣工。

■ 白居易　字乐天，晚年又号香山居士，河南人，我国唐代伟大的现实主义诗人，是我国文学史上负有盛名且影响深远的诗人和文学家。他的诗歌题材广泛形式多样，语言通俗易懂。有《白氏长庆集》传世，代表诗作有《长恨歌》《卖炭翁》《琵琶行》等。

■ 寺内平山堂内景

独特文化底蕴的名刹

化缘 佛教术语。佛教认为，能布施斋僧的人，就是与佛门有缘的人，僧人以募化乞食广结善缘，故称化缘。还可以指为了佛事而进行的一切募化活动。

宋真宗 （968年—1022年），宋朝第三位皇帝，名赵恒，宋太宗的第三子。澶渊之盟后，北宋进入经济繁荣期。真宗后期，淫于封禅之事，社会矛盾不断激化，使宋朝的"内忧外患"日趋严重。

才被重新兴建。

大明寺经历了几次劫难，也屡经修葺。1004年，僧人可政募集资金建造了一座七级多宝塔。可是，这座宝塔却又在南宋时毁圮，自此，大明寺再也没有人重建过栖灵塔。

在1004至1007年期间，僧人可政看到大明寺日渐衰败，心中非常地难过。于是，他决定去化缘募集善款。经过他的辛苦奔波，终于集足了资金，建成了一座七级宝塔，定名为"多宝"。后宋真宗御赐名为"普惠"。

北宋时期，有一个著名的人物经常光顾大明寺，他就是大文学家、政治家欧阳修。欧阳修在担任扬州太守期间，在大明寺内建立了平山堂。

平山堂位于大明寺大雄宝殿西侧的"仙人旧馆"内，始建于1048年，因坐在堂内南望江南远山，正与堂栏相平，故名"平山堂"。欧阳修经常在这里饮酒、赏景、做诗。当时人们评价平山堂是"壮丽为淮阳第一"。

历史上人们习惯将这里的名胜古迹，包括唐大明寺遗址、西园、天下第五泉、谷林堂等统称平山堂。

1079年，北宋著名的文学家、书画家苏轼第三次来到了扬州。当时，他来到大明寺时见景生情，想起了欧阳修，心中充满无限的感慨，于是挥笔写下了这

■ 苏轼 北宋文学家、书画家。字子瞻，号东坡居士。与父亲苏洵，弟弟苏辙合称"三苏"。他是唐宋八大家之一，著有《苏东坡全集》和《东坡乐府》等。

首《西江月·平山堂》词：

> 三过平山堂下，半生弹指声中。
> 十年不见老仙翁，壁上龙蛇飞动。欲
> 吊文章太守，仍歌杨柳春风。休言万
> 事转头空，未转头时皆梦。

走过平山堂就是谷林堂。1092年，苏轼从颍州来到扬州。苏轼为了纪念他的恩师欧阳修，建立了谷林堂，取自己诗句"深谷下窈窕，高林合扶疏"中的"谷""林"两字作为堂名。到了宋代后期，谷林堂一度荒废。

阅读链接

733年，鉴真46岁。这时他已经学成名立，于是自长安回到扬州，先后10年间在江淮地区努力讲律传戒，声名远播，成为当时道岸之后独步江淮的律学大师。

《宋高僧传》说他有著名弟子35人，各自倡导一方，共弘师教。他同时建造了许多寺院和佛像，书写过三部大藏经，又兴办救济孤贫疾病等社会事业，并曾亲自为病者煎调药物。

在长期从事这许多活动中，他掌握了当时许多方面的文化成就，并积累了不少实际的领导经验，团结和培养了一批有专门造诣的工技人才。这一切都为他后来东渡日本准备了有利的条件。

见证历史沧桑的两尊石狮

独特文化底蕴的名刹

饱经风霜的大明寺，在历史上可谓命运多舛，尤其是平山堂在宋代曾经一度被荒废，只剩下断壁残垣。直到明代万历年间，平山堂才被重新修茸。

大明寺在建寺之始并没有牌楼，直到明代才建了用上等香料木材建筑而成的牌楼。牌楼下面铺有华丽的白玉石。

大明寺在古代还曾被称作"西寺"，唐末

■**牌楼** 又名牌坊，是我国古代建筑中极为重要的一种类型，其建筑布局细腻，结构紧凑，形式多样，远看巍峨壮观，近看玲珑别透，已成为我国的一个独特的文化现象。牌楼象征着威严、荣誉、表彰。

称"秤平"等。清代时，因避讳"大明"两字，一度称之为"栖灵寺"，后来乾隆三十年皇帝亲笔题书"敕题法净寺"。

在大明寺牌楼上方的正中，有一块用篆书书写的"栖灵遗址"四字匾额。

在大明寺山门两旁的门枕石上蹲坐着两只石狮子，是用青石雕刻而成，整体显得温顺端庄。两只石狮鬃毛披挂，线条流畅，浑身焕发着灵气和活力。

■ 山门前石狮子之一

左边的狮子是雄狮，用右爪戏着绣球，象征着权威；右边的狮子是雌狮，可惜由于年代变迁，这只雌狮的前肢已有缺失，按照狮子一般的造型规则，右边狮子的左爪应该是在抚摸一小狮，象征着代代相传。

石狮子的残缺无疑是岁月留下的累累伤痕，但当地民间还流传着一段与石狮相关的美丽传说呢。

据传，古时候在小刘庄有一家豆腐作坊。有一天，主人发现：前一天做好的豆腐，过一个晚上总会无缘无故地少很多。

于是，他就晚上蹲守在作坊观察动静。半夜时，他突然发现一对狮子溜进作坊来偷吃豆腐，他一气之下，顺手拿起通煤火的"火通"追赶狮子，结果一直追到大明寺门前。

匾额 上面题着作为标记或表示赞扬文字的长方形横牌。它是我国古代建筑的必然组成部分，相当于古建筑的眼睛。不仅反映了建筑物名称和性质，也表达了人们义理、情感之类的文学艺术形式。匾额大致可以分为石刻匾额、木刻匾额和灰制匾额。

■ 麒麟 也称"骐麟",简称"麟",我国古代传说中的仁兽、瑞兽,是中国古代传说中的一种动物,与凤、龟、龙共称为"四灵"。是神的坐骑,被称为圣兽王。

灵兽 区别于普通兽类的动物。一般认为是与众不同,能力特殊,具备灵性的兽类。我国著名的灵兽是四象,即青龙、白虎、朱雀、玄武,分别代表东西南北四个方向。

他用"火通"猛得扎了下去,狮子受了伤就再也没能逃走。从此以后,蹲坐在山门两侧的石狮子成了人们心目中高贵尊严的灵兽。

我国自古就有用石狮子守门、避邪驱恶的说法。实际上,狮子本来就是佛教比较推崇的祥瑞之兽,佛典中有关狮子的说法有很多。

据《佛说太子瑞应本起经》载:"佛初生时,有五百狮子从雪山来,待列门侧"。

《传灯录》记载"释迦生时一手指天,一手指地……作狮子吼:'天上地下,唯我独尊'"。

到了汉代,狮子才随着佛教传入我国,狮子的形象也开始逐渐深入人心。当时,人们感于狮子的威猛,还特意给它起了名字,叫"天禄"和"辟邪"等,用来象征神圣、尊贵和威严。

我们民间更是把狮子看作是吉祥的动物，认为它可以驱除邪恶，并和龙凤一起，成为威震八方、唯我独尊的权威与胜利的化身。

也有人认为："石者实也，狮者思也，言思前人创业，后人守成之不易也"，把狮子放到门前，不仅可以驱邪辟恶，也可以用来提醒人们警钟长鸣、励勤励志。

所以，人们在修建宫殿、陵墓、桥梁、府第及房屋建筑时，总喜欢安放上栩栩如生的石狮子。

大明寺门前的石狮子已经在此默默蹲守了500多年，见证历史的兴衰。

两尊石狮历经风雨，保存得基本完好，形态依然逼真传神，是我国古代石狮子中的精品，具有很高的文物艺术价值。

龙凤 龙在我国古代的神话传说中是一种神异的动物，具有九种动物合而为一的形象，兼备各种动物的优点。凤是我国古代传说中的百鸟之王，常用来象征祥瑞。雄鸟叫凤，雌鸟叫凰。

玄武 本意就是玄冥，其图象是一条蛇缠绕着一只龟。龟和蛇在我国古代认为是灵兽，象征着长寿，汉朝以前贵族长配以玉制龟佩。玄武在我国神话中也多指玄武真君。

阅读链接

四象也作四相，是指火水风土。两仪生四象，两仪指的是阴阳，阴阳又衍生出地水火风。在我国传统文化中青龙、白虎、朱雀、玄武，是四象的代表物，青龙代表木，白虎代表风，朱雀代表火，玄武代表水，分别代表东西南北四个方向。

在28星宿中，四象用来划分天上的星星，也称四神、四灵。春秋易传的天文阴阳学说中，是指四季气象，分别为少阳，太阳，少阴，太阴。

中国传统四象方位是指左青龙、右白虎、前朱雀、后玄武，并与五行学东南西北等四个方位相呼应。

明清时期古寺命运多舛

大明寺经过历史的辗转，终于在明代又一次迎来了曙光。1461年，僧人智沧溟决心重建庙宇，经过师徒三代的苦心经营，大明寺逐渐恢复了往日的规模。

可是后来，又因为历史的动乱，大明塔寺再次变成了荒丘，直到明代万历年间郡守吴秀看到古寺一片荒凉，决心重建寺院。崇祯年间又加修缮。

到了清代，大明寺受了上到皇族下到黎民百姓的普遍关注。康熙和乾隆两位皇帝曾经多次南巡，寺庙也不断增建，规模逐步宏大起来。

于是，大明寺一跃成为扬州八大

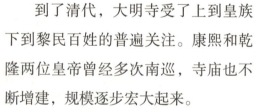

■ 乾隆（1711年—1799年），清高宗爱新觉罗·弘历，清朝第六位皇帝。年号乾隆，寓意"天道昌隆"。25岁登基，在位60年，是我国历史上执政时间最长、年寿最高的皇帝，也是一名很有作为的皇帝。

名刹之首，几位皇帝都为大明寺御书。

雍正帝曾御笔题联"万松月共衣珠朗，五夜风随禅锡鸣。"乾隆帝曾题额"蜀冈慧照"，题联："淮海奇观别开清净地，江山静对远契妙明心。"清代朝廷因避讳"大明"两字，曾经一直沿用旧称"栖灵寺"。

1765年，乾隆皇帝第四次巡游扬州，御笔题书敕题"法净寺"。"敕"就是皇帝的号令。

■ 大明寺正门

其实"大明"两字并非是指大明王朝，而是南北朝时期，是南朝宋孝武帝刘骏的年号，与大明王朝相隔千载。

1853年，太平军与清军交战时引起大火，法净寺再次被毁，其中包括著名的平山堂。1870年，盐运使方浚颐又重新建了包括平山堂在内的大明寺院。

因为平山堂早已名播海内，历史上人们便习惯地将这里的名胜古迹，包括唐大明寺遗址、西园、天下第五泉、谷林堂等统称平山堂。

平山堂面南而建，北边有一短走廊与谷林堂相连接。堂北檐下悬挂着咖啡色底、白色字的"远山来与此堂平"的匾额，点明了"平山堂"的缘由，它是在1876年秋由林肇元所题。

郡守 古代官名，是指郡的行政长官，始于战国时期。战国各国在边地设郡，派官防守，官名为"守"。原本是武职，后来逐渐成为地方的行政长官。秦统一后，实行郡、县两级地方行政区划制度，每郡置守，治理民政。

■ 清代平山堂联

平山堂中楹上方悬有黑底白字的"平山堂"3字匾额，是由清代两淮盐运使方浚颐于在1872年夏天所题。两侧悬挂一副对联：

晓起凭栏六代青山都到眼；
晚来对酒二分明月正当头。

两联中间可以透过玻璃方窗看到谷林堂。中联两侧的上方西、东分别悬挂"风流宛在"匾和"坐花载月"匾。"风流宛在"匾，宽3.1米，高1米，是光绪初年两江总督新宁刘坤一题，并有跋文。其跋曰：

宋开禧间，平山堂圮，吏部阎苍舒以诗赠知扬州郭倪，有"欧仙苏仙不可作，江南江北无风流"之句，盖讥之也。今子箴都转重修是堂，可以继美欧苏矣！喜而志之。

匾、跋均为黑色底，金色字。"坐花载月"匾，宽2.75米，高0.95米，为陇右马福祥题，并有跋文。跋的内容如下：

平山堂为江南名胜。宋庆历中欧阳永叔守扬州时，筑堂于蜀冈，因此得名。岁己巳

两江总督 正式官衔为总督两江等处地方提督军务、粮饷、操江、统辖南河事务，是清朝九位最高级的封疆大臣之一。由于清初江苏和安徽两省辖地区同属江南省，因此初时总督管辖的是江南和江西的政务，因此称两江总督。

偶游江都，登此堂，凭栏远眺，江南诸山齐在眼底，月挂树颠，花迎四座，洵登临之大观也。

因取欧阳公遣人折荷行酒载月故事，敬书数字，以志游踪。陇右马福祥题。

在匾额的下方分别有镂空雕花落地罩槅。南边卷棚中间悬"放开眼界"匾。在匾下分别悬有两副对联，都是白底黑字。

一幅是：

过江诸山到此堂下；
太守之宴与众宾欢。

■ 谷林堂墙壁上的匾额和石刻

■ 寺内的天下第五泉

重宁寺 清代扬州八大名刹之一。始建于1784年，咸丰间毁于兵火，同治年间重建，光绪年间再建。东侧园林已毁，建筑面积2000多平方米。

王澍 江苏常州人。清代书法家，字若霖，翯林，若林，号虚舟，亦自署二泉寓居，别号竹云。官至吏部员外郎。

另一幅是：

山色湖光归一览；
欧公坡老峙千秋。

在平山堂的墙壁上镶有10多块石刻，除了保存的匾对和石刻以外，还曾有过很多匾对，但都因年代久远，或经战乱，所存不多。

牌楼前面两侧朝南放置的一对青石狮，是清代乾隆年间扬州重宁寺的遗物。

除了平山堂外，寺中还有天下第五泉、待月亭、康熙御碑亭、鹤冢、乾隆御碑亭、西园等。

天下第五泉位于船厅的西南、池水正中央，砌有可供往返的石径。这眼泉水是在1738年凿池的时候发现的，后被砌成景观。

这眼泉水清澈甘洌，夏天寒碧异常，冬天温暖如春。泉边有清代书法家王澍所书的"天下第五泉"的石刻，原来立在西园中的水池上，后来历经战火，寺院被毁，人们在重修法净寺时把这一石刻移立在山门外以西的墙壁上，恰好与东墙壁上清初书法家蒋衡所书的"淮东第一观"石刻相对应。两块石刻相得益彰，巧妙映衬。

在天下第五泉的北侧是待月亭。亭的南面有一扇小门，东边与黄石假山的山洞相通，周边设有四个八边形观景窗。亭上朝南悬有一块黑底白字的匾额，上书"待月亭"三字，是当时扬州著名的书法家魏之祯的墨宝。

顺着天下第五泉往南走，便是著名的康熙御碑亭。这是一座四角方亭，在亭子西面墙上设有两扇透空窗，站在这里正好可以观赏到"天下第五泉"的优美景色。

■ 第五泉旁的待月亭

在亭子东面长廊的墙壁上有一块长方形康熙御诗碑，是1689年圣祖康熙南巡时，赐扬州知府高承爵的御制《灵隐》诗。碑文上写着：

灵山含秀色，

鹫岭起嵯峨。

梵宇盘空出，

香云绕地多。

开襟对层碧，

下马抚烟萝。

羽卫闲来往，

非同问法过。

■ 平山堂内廊道

草书 我国汉字的一种书体，特点是结构简省、笔画连绵。形成于汉代，是为了书写简便在隶书基础上演变出来的。有章草、今草、狂草之分。

在这块石刻上方，还留存着一个正方形的康熙御印。

在康熙御碑亭东侧黄石相垒的竹坛之上便是鹤冢了。鹤冢周边种植淡竹、桑树、木半夏、麦冬等名贵植物。

鹤冢依墙而筑，有一块长方形的石碑立在冢上，上面镶嵌草书"鹤冢"两字。

时光流逝，很快就到了清代雍正年间。大明寺在此时增建了平远楼。平远楼原称"平楼"，位于大雄宝殿东南侧，于1732年建造。

但不幸的是，到了清代咸丰年间也同大明寺毁于兵火。直到清代同治年间，两淮盐运使方浚颐重建平远楼，题"平远楼"三字匾额，并撰联云："三级曩增高，两点金焦，助起杯中吟兴；双峰今耸秀，万株松栝，涌来槛外涛声。"才使平远楼再度兴起。

然而，到了清代光绪、宣统年间，平远楼也一度荒废。平远楼就像一个老者，历经命运的坎坷，见证着历史的兴衰。

大明寺另一处著名的景观要数乾隆御碑亭了。

乾隆御碑亭位于西园入口处的西侧，坐北朝南。地面是用正方形水磨青砖铺成，中间放置三块御制石碑。最东边的石碑上刻有乾隆在1751年第一次南巡时所写《平山堂》御制诗：

梅花才放为春寒，
果见淮东第一观。
馥馥清风来月牖，
枝枝画意入云栏。
蜀冈可是希吴苑，
永叔何曾逊谢安。
更喜翠峰余积雪，
平章香色助清欢。

113

扬州古刹

大明寺

■ 西园美景

1757年，乾隆第二次来到江南。此次乾隆南巡留下的《平山堂》御制诗被放在最西侧，内容为：

西寺西头松竹深，

欧阳旧迹试游寻。

江南山色秀无尽，

二月韶光美不禁。

四字檐端垂圣藻，

千秋座右揭官箴。

春巡处处前徽仰，

到此尤庸吁俊心。

中间的石碑上刻有1762年，乾隆皇帝第三次南巡时写的《四月朔日游平山堂》御制诗：

■重修平山堂碑

独特文化底蕴的名刹

■ 成丰（1831年—1861年），名爱新觉罗·奕詝，20岁登基，在位11年，31岁病死，成丰是清朝秘密立储继承皇位的最后一位皇帝，宠爱叶赫那拉氏，误国殃民，留下千古遗憾。

画舫轻移邗水滨，
人思六一重游巡。
阴阴叶色今迎夏，
衮衮花光昨饯春。
巧法底须夸激水，
淳风惟是惭投薪。
江南山可平筵望，
望岂因山因忆民。

　　另一处值得一提的景观是西园，也称御苑、芳圃，位于平山堂的西侧，因此称为西园。是原来塔院西廊井旧址。1736年，又加以修复。与平远楼同样的命运，在咸丰年间，西园也未能幸免毁于兵火。同治年间重修，清代末年也曾有所修缮。

阅读链接

　　在平山堂的墙壁上镶有十多块石刻，其中有《平山堂记》，《重建平山堂记》和《重修平山堂碑》。《重修平山堂碑》是钦差丙午科广西乡试主考博陵尹会一撰并书，乾隆元年岁次丙辰秋七月上澣之吉立，刻者旌德刘景山。

　　平山堂的南边有所庭院，植物葱翠，四季花香。庭院的南边有一处古石栏。栏外植有桂花、淡竹、棕榈、青桐、榉树、枇杷等，苍翠欲滴。历史上，平山堂除了以上保存的匾对和石刻以外，还曾有过很多匾对，但都因年代久远，或者经过战乱，存下来很少了。

几经兴衰的欧阳祠和谷林堂

　　大明寺在我国众多的名寺院中规模并不算最大，但却有着我国南方特有的传统，其中最初让人流连忘返的便是为写"醉翁亭记"的欧阳修修建的欧阳祠。人们知道他，多是因为那句"醉翁之意不在酒，在乎山水之间也。"

欧阳修画像

　　然而，在大明寺内却有他的一幅碑拓画像。这幅碑拓是采用我国传统的阴阳刻法精刻而成，形象逼真，宛如真人。

　　俗话说"读万卷书不如行万里路"，来到大明寺，更让我们对这个"醉翁之意不在酒"的人有了更多的了解，让我们对这个琴棋书画酒和自己形影不离的六一居士知道了更多，也更能够平和地对待那些人生的不平事。

当时欧阳修在被降职期间，还能纵情山水并诗作流芳百世，这样的超然物外的平和心态的确让世人佩服。

大明寺的平山堂，因有欧阳祠而更有名，更让人记住这位北宋卓越的政治家、文学家、史学家。

欧阳祠又名欧阳文忠公祠、六一祠，位于谷林堂的北面。是为了纪念欧阳修治理扬州之德政，扬州人当时曾在"旧城"建生祠，由于年久失修，终被废弃，后来移祀到平山堂的后面。

1793年，运使曾燠按内府藏本临摹欧阳修像，并刻成石碑，嵌于祠堂的墙壁间。到了咸丰年间，欧阳祠毁于兵火。1879年，两淮盐运使欧阳正墉花重金重建此祠。

欧阳修晚年号六一居士。1070年7月，欧阳修由青州知州改官蔡州，今河南汝阳任知州。他于当年九月到任，九月七日采用汉赋常见的主客问答形式作了《六一居士传》，反映出欧阳修晚年的心态。文中第二段写道：

客有问曰："六一，何谓也？"

居士曰："吾家藏书一万卷，集录三代以来金石遗文一千卷，有琴一张，有棋一局，而常置酒一壶。"

客曰："是为五一尔，奈何？"

居士曰："以吾一翁，老于此五物之间，是岂不为六一乎？"

碑拓 是将碑版上的文字或图像，用宣纸紧覆在碑版上，用墨打拓其文字或图形，然后将纸揭下，纸上留下碑版上的文字或图形。有乌金拓、蝉翼拓、朱拓等几种拓本。

阴阳刻法 阴刻是将笔画显示在平面物体之下的立体线条，呈凹形。凹陷下去的字是阴字，凸出来的字是阳字。印章的字是凸出来的，就是阳刻。印章的字是凹陷下去的，就是阴刻。

盐运使 官名，始置于元代，设于产盐的各个省区，简称"运司"。下设运同、运副、运判、提举等官。这些官员往往兼都察院的盐课御史衔，故又称"巡盐御史"。

临摹 是指按照原作仿制书法和绘画作品的过程。临，是指照着原作写或画；摹，是指用薄纸或绢蒙在原作上面书写或画。广义上的临摹，所仿制的不一定是原作，也可能是碑、帖等。

大明寺内的欧阳祠面南而建，规模很大。中楹上面悬有金底黑字"六一宗风"匾，是欧阳正墉所立。两旁有对联：

遗构溯欧阳，公为文章道德之宗，侑客传花，也自徜徉诗酒；

名区冠淮海，我从丰乐醉翁而至，携云载鹤，更教旷览江山。

在中楹北墙面南的墙壁上，嵌有1879年9月欧阳修裔孙、江苏候补道欧阳炳按临摹于滁州醉翁亭之清宫内府藏本所刻的欧公石刻像，像的上部有欧阳正墉临摹乾隆皇帝于1752年初夏为欧阳修画像所题的御书

■ 欧阳祠内景

■ 光绪（1871年—1908年），清德宗，爱新觉罗·载湉，清朝第十一位皇帝，年号光绪。在位34年。崩于中南海瀛台涵元殿内，终年38岁。庙号德宗。葬于河北易县清西陵的崇陵。

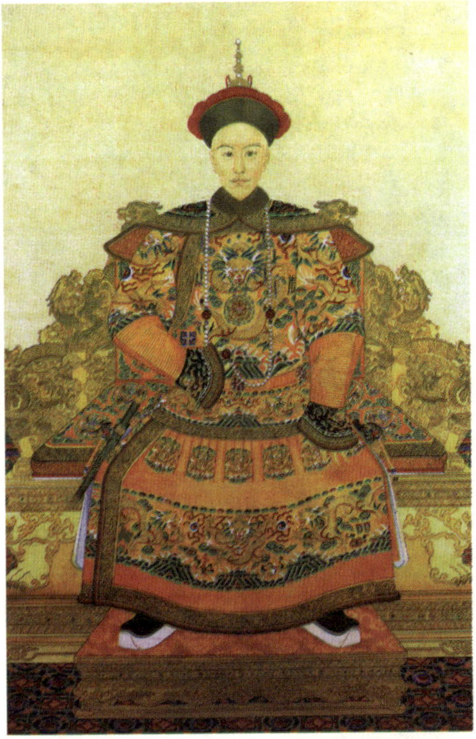

像赞。像的左侧下方刻有“光绪己卯秋九月裔孙欧阳炳敬摹邗江朱静斋镌”20字。

欧阳修石刻像与题书均由邗江著名石工朱静斋勒石，刀工精致，石像传神，加之石面稍凹，造成光线折射，远看为白胡须，近看为黑胡须，且观者从任何角度看，石刻像的脸、眼、足始终都正对着观者，世称神品。

在欧阳祠内西侧有三座精致的楠木雕件，是旧时出会用的香亭，其外形、花纹、结构等均不相同。两厢壁间悬挂后人书写的欧阳修词、苏轼词以及山水画幅。祠内原有欧阳正墉题联：

歌吹有遗音，溯坡老重来，此地宜赓杨柳曲；
宦游留胜迹，访先人手植，几时开到木兰花。

欧阳利见联：

山与堂平，千古高风传太守；
我生公后，二分明月梦扬州。

醉翁亭 坐落于安徽省琅琊山麓，与北京陶然亭、长沙爱晚亭、杭州湖心亭并称为我国四大名亭。宋代文学家欧阳修的《醉翁亭记》写的就是这个亭子。

滁州 古称“涂中”“新昌”“永阳”“清流”。先秦时期为棠邑，三国设镇，南朝建州，隋朝始称“滁州”。滁州自古为西吴湖熟文化的发源地之一。

徐转运文达联：

酒酌碧筒杯，到此山翁仍一醉；

文成青史笔，允宜坡老定千秋。

祠东外墙上嵌有三方长方形石刻。一方是1879年楚南周鹏谨记录的苏轼《醉翁操》词；一方是《重修平山堂欧阳文忠公祠记》；第三方石刻是《重浚保障河记》。在其东外墙的中间还嵌有一块长方形石碑《重修平山堂欧阳文忠公祠记》。

祠西外墙上嵌有一方星悟禅师的兰花石刻，并有他亲笔题诗：

满庭风露接孤尘，

怅望千秋亦有因。

早识遗踪未摇落，

不须回首问灵均。

■ 欧阳祠内廊道

转运 转运史，官名。我国唐代以后各王朝主管运输事务的中央或地方官职。唐玄宗置水陆转运使，掌管洛阳、长安间食粮运输事务。肃宗又置诸道转运使，掌管全国穀物财货转输与出纳。元、明、清有都转运盐使，专管盐务。

大夫 古代官名。西周以及先秦诸侯国中，在国君之下有卿、大夫、士三级。大夫世袭，有封地。后世遂以大夫为一般任官职之称。秦汉以后，中央要职有御史大夫，备顾问者有谏大夫、中大夫、光禄大夫等。至唐宋尚有御史大夫及谏议大夫之官，明清时废。又隋唐以后以大夫为高级官阶之称号。

120

寺院奇观

独特文化底蕴的名刹

诗后跋云："癸巳冬，诚念师南归，属悟主平山堂。堂为文忠公之遗，悟系出欧阳，乐寻遐概，适画墨兰，悠然有思，爰诗以识之云尔"。下署"六一头陀星悟"。

祠西外墙中间还嵌有一通长方形石碑《重建平山堂欧阳文忠公祠记》，题款如下：

诰授光禄大夫、布政使衔、告养云南按察使、随带加四级赏戴花翎、色尔固楞巴图鲁、平江李元度撰文，钦加五品衔、广东候补盐知事、裔孙大钰敬书，光绪五年岁次己卯十二月既望建，主持僧常达敬立，朱静斋镌。

在祠的南侧庭院植有白玉兰、桂花、紫薇、圆柏、棕榈、天竺、栝楼、黄连木等。祠东南侧圆门通鉴真纪念堂。西南侧圆门通西园，圆门上嵌石刻"真赏"两字，著名书法家邓石如用篆书书写。

后来，欧阳祠又经过几次修缮和一次大规模的维修，才保存了较为完好的面目。

除了欧阳祠，1870年，清代盐运使方浚颐在真赏楼旧址又重新修建了谷林堂。谷林堂经过多次维修，才得以完好保存。

谷林堂面南而建，东面与大雄宝殿连接。堂中上方悬有"谷林堂"黑底蓝字三字匾，是扬州浅刻名家黄汉侯集自东坡法帖。原来方浚颐所题的"谷林堂"

邓石如（1743年—1805年），清代著名篆刻家、书法家，邓派的创始人。初名琰，字石如，又号完白山人、笈游道人、凤水渔长、龙山樵长等。著《完白山人篆刻偶存》。

篆书 是大篆、小篆的统称。大篆指甲骨文、金文、籀文、六国文字，它们保存着古代象形文字的明显特点。小篆也称"秦篆"，是秦国的通用文字，大篆的简化体，在汉文字发展史上，它是大篆由隶、楷之间的过渡。

黄汉侯（1902年—1976年），字良伟，扬州人，爱好书画艺术，尤喜喜欢牙刻，17岁拜耿耀庭为师，学习刻字。他先用毛笔临写各家字帖，后用铁笔临摹各家法书，开创了扬州牙刻缩临技术。在方寸牙板上刻4000余字，放大观之，韵味不输真迹。黄汉侯的微刻作品被誉为"银钩铁划，玉振金声"。

■ 鉴真纪念堂

匾、书写的对联：

遗址在栖灵，稚竹老槐，风景模糊今异昔；

开轩借真赏，焚香酹酒，仙踪庶止弟从师。

因年代久远，都已经不复存在。

后来，在谷林堂的东壁悬挂扬州书画家李亚如的草书：苏轼《谷林堂》诗，西壁悬挂扬州国画院画师所绘的《赤壁夜游图》。在谷林堂中放置"赤壁怀古"的盆景，堂内悬挂四盏六边形的宫灯。

谷林堂面南的东、西两侧分别各有一座长方形花坛，种植腊梅、天竺、麦冬、虎耳草等植物。花坛旁边种植四株圆柏，其中一株是古树名木，树龄有100多年。谷林堂西山墙下有黄石花坛，里面种植斑竹。在花坛西侧有一面东而建的厅房，是后来改建的。在

赤壁 历史地名，位于赤壁矶头临江悬岩。据《湖北通志》记载："赤壁山临江矶头有'赤壁'二字，乃周瑜所书"。《念奴娇·赤壁怀古》是宋代大文豪苏轼的名作，是豪放派宋词的代表作，感情激荡，气势雄壮。著名的赤壁之战就发生在此地。

花坛北侧有一便扇门可以直通西园。

除了欧阳祠和谷林堂建立和修缮外，清代又在大明寺鹤冢石碑旁边立了一块介绍鹤冢的碑文。石碑上面以阴刻的形式所刻内容大致如下：

> 1893年，住持星悟和尚，在平山堂前鹤池内，放养白鹤一对。后雌鹤因足疾死亡，雄鹤见状，昼夜哀鸣，绝粒而死。星悟感其情，葬鹤于此，并立碑云：世之不义，愧斯禽。

大明寺，几经兴建，又几经损毁，最终得以完好保存，得益于各朝代对它的重视和整修。楠木厅、平远楼、美泉亭、鉴真纪念堂等都是后人增建或扩建的楼阁。比较重要的一处就是鉴真纪念堂。

鉴真纪念堂是根据周恩来总理的指示，为纪念鉴真法师圆寂1200周年，于1963年中日两国纪念鉴真圆寂1200周年时奠基，于1973年建成的。

鉴真东渡日本前，曾为大明寺住持。从唐天宝元年起，先后十余年，历尽艰险，至第六次东渡成功，将我国佛学、

■ 鉴真塑像

医学、语言文学、建筑、雕塑、书法、印刷等介绍到日本，为发展中日两国的文化交流做出了重要的贡献。

1922年，日本学者常盘大定在寺前树立唐鉴真和尚遗址碑。它仿日本奈良唐招提寺模式，由建筑学家梁思成先生设计，在以大雄宝殿为主体的南北中轴线的偏东位置形成的一个南北中轴线的建筑群体。

此纪念堂总面积达七百平方米，它是以鉴真纪念堂正殿作为主体建筑的一个群体，由陈列室、门厅、碑亭、正殿等四部分组成。设计精妙，构制完美，堪称建筑中的精品。

其中，纪念堂的碑亭内耸立着汉白玉须弥座横碑，正面为郭沫若所书"唐鉴真大和尚纪念碑"，背面为赵朴初撰书纪念鉴真圆寂1200周年的碑文和颂辞。

院中立日本奈良唐招提寺森本孝顺长老所赠石灯笼。正堂仿鉴真在日本主持建造的唐招提寺金堂，纪念堂正中供奉着鉴真法师坐像，这尊坐像是仿日本奈良唐招提寺鉴真像，用楠木雕刻干漆夹纻而成。

坐像前有一只铜香炉，为日本天皇所赠。纪念堂门厅对面原为晴空阁，现为鉴真生平事迹文物史料陈列室。

阅读链接

关于欧阳修的石刻像还流传着一段故事。话说在光绪初年，京城官员欧阳炳买通太监后，临摹了清宫内府的藏本欧阳修像。

后来，欧阳炳在复建欧阳文忠公祠时花重金聘请石工朱静斋来雕刻欧阳修的石像。石像刻成后，欧阳炳却说要将这一神品运回平江。朱静斋恳求欧阳炳开恩留下这块石碑，宁肯不要工钱。

欧阳炳对朱静斋欲在家乡留名后世的想法早有所闻，要了一个小花招就省了400两纹银。可惜的是，由于年代动乱，"神品"中的胡须早已失去当年的风采。

普陀寺

在我国，普陀寺一般指南普陀寺。南普陀寺是我国最有影响力的寺院，是厦门的著名古刹，始建于唐末五代，初称泗洲院。明初复建更名为普照寺。此后数百年来，经历代主持景峰、省己、喜参诸和尚多次重修扩建，已构成三殿七堂俱全的禅寺格局，逐渐成为闽南最具规模的名刹。

闽南五老峰下的佛教圣地

独特文化底蕴的名刹

南普陀寺位于我国福建省厦门市区的五老峰下。五老峰终年白云缭绕，丛林葱郁，远远望去就像是五位须发皆白、历尽沧桑的老人，翘首遥望着茫茫大海。

普陀寺内石桥

如果从普陀寺藏经阁后面登上石阶，迎面就能看见巨石上刻着高4米多，宽3米多的特大"佛"字，笔画丰满有力，粗犷豪放。这个巨大"佛"字是振慧和尚于1905年书写的。

南普陀寺自古以来就是厦门著名古刹，建于明朝永乐年间，明朝末年毁于兵火。

1684年，靖海侯施琅将军重建寺院，因寺院是奉观音菩萨为主，又位

于我国四大佛教道场之一的浙江舟山普陀山之南，故称南普陀寺。

据明朝万历年间的《泉州府志》上记载，南普陀寺最初是由五代时期的僧人清浩建立的，当时名叫普照院。

到了北宋时期，在1064年至1067年间，僧人文翠在普照院修行，把普照院改称无尽岩。

在1264年至1294年间，无尽岩被逐渐废弃。1385年，明朝洪武年间僧人觉光又重新修建了普照院。

明朝后期，土地高度集中，大部分的土地都在官僚和地主手中，普照院的耕田也全部被豪右兼并了。普照院的钱粮每年的收入还不够供给寺院的香灯，更别说缴纳朝廷的税收了。

到了明朝崇祯年间，由于连年饥荒和连年大旱，百姓的生活境遇非常悲惨。处于饥荒年月的普照院的

■ 普陀山　与山西五台山、四川峨眉山、安徽九华山并称为中国佛教四大名山，是观世音菩萨教化众生的道场。普陀山似苍龙卧海，素有"海天佛国""南海圣境"之称。

舟山　浙江省地级市，由1300多个岛屿组成。群岛之中，以舟山岛最大，其"形如舟揖"，故名舟山。舟山是我国最大的海水产品生产基地，自古就有"东海鱼仓"和"中国渔都"之美称。

施琅将军塑像

■ 施琅（1621年—1696年），字尊侯，号琢公，明末清初军事家。被清军提升为同安总兵，福建水师提督，先后率师驻守同安，海澄，厦门，参与清军对郑军的进攻和招抚，1683年率军渡海统一台湾。

日子也更加艰难了。寺院的住持了蕴僧人面对朝不保夕的困境，束手无策，几次想弃寺而去。

当时，泉州开元寺有个著名的诗僧明光来到厦门。他的到来给普照院带来了新的生机。

明光与当时的名士阮旻锡、叶名高等关系很好，往来非常频繁，因此，普明寺得到了当时各大名士的支持。

乡绅太常寺卿林宗把他们家族购买的寺院田地全都归还给寺院，使普照寺的香灯不灭，振作中兴。此后，普照寺的殿堂初具规模。

然而，在明末清初，普照寺却再次在兵乱中被损毁。

1683年，靖海侯施琅收复台湾后驻守厦门，就在普照寺旧址重新修建殿宇，并增建大悲阁，辟为观音菩萨道场，与浙江普陀山观音道场相类比，改称为"南普陀寺"。又聘请临济宗三十五世传人慧日法师为开山第一代祖师。

此后，经过历代的住持僧人如：如渊、景峰、省己、真衷、喜参等，以及兴泉永道道尹胡世铨等地方官员，多次募资新修扩建。

1895年，普陀寺已经建成了"三殿七堂"，具备了中等禅寺的规模，在厦门岛上的各大佛寺中都位居首位。

普陀寺规模宏大，建筑面积达到了20000多平方米。从南到北主轴有天王殿、大雄宝殿、大悲殿和藏经阁四座。

大雄宝殿是整个寺院的中心，具有典型的闽南佛殿的特点，大殿正中供奉三世尊佛高大的塑像，殿后

临济宗 禅宗南宗五个主要流派之一，自洪州宗门下分出，始于临济义玄大师。义玄大师跟随黄檗禅寺里的希运禅师学法33年，之后建立临济院，后世称为"临济宗"，而黄檗禅寺也因之成为临济宗祖庭。

■普陀寺内一角

供奉西方三圣。

大悲殿呈八角形三重飞檐，中间藻井由斗拱层层迭架而成，无一根铁钉，构造极其精巧。

殿内正中奉祀观音菩萨，其余各面为48臂观音，造型优美、姿态多样。

藏经阁是中轴线上的最高层建筑，为歇山重檐式双层楼阁，一层为法堂，是僧人讲经说法的地方；二层为玉佛殿，内供28尊缅甸玉佛，并藏有数万卷古今中外的佛典经书及一些珍贵的文物。

另外还有左右庑廊，钟楼鼓楼、功德楼、海会楼、普照楼、太虚图书馆、佛学院教室、养正院等。所有这些建筑依傍山势，层层托高，庄严肃穆。

后来，又在天王殿南面建有放生池、两座新建的

藻井 我国传统建筑中室内顶棚的装饰部分。一般做成向上隆起的井状，有方形、多边形或圆形凹面，周围饰以各种花藻井纹、雕刻和彩绘。多用在宫殿、寺庙中的宝座、佛坛上方最重要部位。古人穴居时，常在穴洞顶部开洞以纳光、通风、上下出入。出现房屋后，仍保留这一形式。其外形像个凹进的井，"井"加上藻文饰样，所以称为"藻井"。

■ 普陀寺的天王殿

万寿塔和两个凉亭以及荷花池等，在两池之间有七座由释迦牟尼佛、迦叶佛等七尊佛像组成的七佛塔，万寿塔高11层。这些极富南亚佛教建筑风格的建筑，使南普陀寺的风景更加美丽。

阅读链接

　　慧日少年时就开始出家，跟随平山和尚修行。他22岁时，听说柏子庭法师在赤城，即今浙江省天台县北设坛讲授天台宗，他就跋山涉水，来到赤城，听柏子庭法师说法。很快，慧日就能凭借自己的聪明智慧，掌握了天台宗教义的要点。

　　柏子庭法师曾经感慨地说："即使是从陡峭的山坡上滚石头的速度，也不足以形容慧日心机的畅达啊！看来，我的学说要靠他来继承，并发扬光大了啊！"

　　事实不出柏子庭法师的预料，慧日和尚的名声越来越大，在天台宗地位越来越高。

南方佛教建筑的典型代表

　　普陀寺地处我们沿海地区，气候温暖，景色宜人，历来都是我国南亚佛教建筑的典型代表。

　　普陀寺的天王殿也称弥勒殿，天王殿屹立于寺院中轴线最前端，歇山式重檐飞脊，轩昂宏伟。前殿正中供奉笑容可掬的弥勒佛，两侧

■普陀寺的天王殿

立有怒目环视的四大天王，殿后有韦陀菩萨覆掌按杵而立，威武异常。

殿前为入寺正中的大门，两只威武的大石狮雄踞门廊的东西两侧。

在天王殿两侧，分列魁梧高大、英俊威武的四大天王。四大天王全身金碧辉煌，散发着神圣的威严。天王殿的屋顶用的是剪瓷艺术，可见建筑师的技术十分精湛。

正中弥勒佛慈眉笑眼，耳垂双肩，袒胸露脐，始终笑容可掬。给人以欢喜信受的美感，殿后韦陀菩萨覆掌按杵而立，威武异常。

弥勒佛在印度是一尊头戴王冠、身体不胖的坐像，而在我国则成了手拿布袋体貌肥壮的光头和尚。

据说他云游各地，无忧无虑，自由自在，人们怎么逗他，他总是眉开眼笑、和善待人。

弥勒佛 弥勒菩萨，佛教八大菩萨之一，大乘佛教经典中又常被称为阿逸多菩萨，是释迦牟尼佛的继任者，常被尊称为弥勒佛，被唯识学派奉为鼻祖。

岳林寺 位于浙江省奉化县，建于536年，当时称为崇福院，由唐代著名诗人李绅书写匾额。后来岳林寺在841至846年间被人为损毁，848年，改称作岳林寺。

■ 大雄宝殿内佛像

后来他在岳林寺磐石坐化，口中念念有词：

弥勒真弥勒，
分身千百亿，
时时示世人，
世人不自识。

大雄宝殿是寺院的主体中心，是转逢和尚在1932年重新修建的，一座重檐歇山顶建筑，琉璃石柱，雕梁画栋，庄严肃穆。

大雄宝殿具有典型的闽南佛殿的特点。大悲殿呈八角形三重飞檐，中间藻井由斗拱层层迭架而成，无一根铁钉，构造极其精巧，闽南信众均崇奉观音菩萨，所以此殿香火异常鼎盛。

大雄宝殿崇宏雄伟，殿前石庭平舒宽展，正中宝鼎香炉巍立。主殿正中主要供奉过去、现在、

寺院奇观

独特文化底蕴的名刹

大悲 佛教语。救人苦难之心，称为悲；佛菩萨悲心广大，故称为大悲，常与大慈连用。《大智度论》卷二七："大慈与一切众生乐，大悲拔一切众生苦。"

■ 迦叶尊者摩诃迦叶，意为饮光。佛陀十大弟子之一，有"头陀第一""上行第一"等称号。是禅宗第一代祖师。摩诃是大的意思，故摩诃迦叶也常称大迦叶。

未来"三世尊佛",中间是释迦牟尼佛像,东边是药师佛,西边是阿弥陀佛。

释迦牟尼佛的两旁,还有两位尊者,东边是大弟子迦叶尊者,西边是堂弟阿难陀尊者,前面是千手千眼观音像。

大殿是寺院僧众早晚课诵和法会朝拜参修的殿堂,也是佛门钟磬长鸣、法灯不灭的心脏。大雄宝殿石柱上有副对联:

■ 普陀寺的水池

经始溯唐朝与开元而并古;
普光被夏岛对太武以增辉。

这副对联将寺庙开基的年代和地理位置说得清清楚楚,那就是说寺庙在唐朝就有了。

普陀寺的大雄宝殿整体建筑,也充分体现了"闽南佛殿"几大特色。

屋脊是弯月起翘、紫燕凌空,构造精巧,技艺讲究。屋脊嵌有"九鲤化龙""麒麟奔走""凤凰展翅"等图案,都是剪瓷镶嵌而成。建筑材料取材本地花岗岩、青斗石,所有梁、柱、础、斗拱、栏杆都独具特色。

琉璃 亦作"瑠璃",是指用各种颜色的人造水晶为原料,采用古代的青铜脱蜡铸造法高温脱蜡而成的水晶作品。其色彩流光溢彩、美轮美奂;其品质晶莹剔透、光彩夺目。琉璃是佛教"七宝"之一、"中国五大名器"之首。我国琉璃生产历史悠久,最早的文字记载可以追溯到唐代。

■ 普陀寺的石刻

飞檐 我国传统建筑檐部形式之一，多指屋檐特别是屋角的檐部向上翘起，如飞举之势，常用在亭、台、楼、阁、宫殿或庙宇等建筑的屋顶转角处，四角翘伸，形如飞鸟展翅，轻盈活泼，所以也常被称为飞檐翘角。飞檐是我国建筑民族风格的重要表现之一，通过檐部上的这种特殊处理和创造，增添了建筑物向上的动感。

墙壁上装饰"清影摇风""楚江秋吟"等山水花鸟画，和"神河沐浴""六年苦行"等释迦牟尼诞生故事的连环画。

在大雄宝殿的后面就是大悲殿，大悲殿是普陀寺内最有特色的建筑，由明朝惠安王益顺设计的。后来，在华侨的资助下又重修宝殿。

最初的建筑全是木质结构，全以斗拱架叠建成，殿内藻井，全用木料斗拱，不用一支铁钉。然而，由于年代已久，被白蚁侵蚀严重，厦门市政府才把木结构换成钢筋水泥结构，增加了1米高度，其余则保持原貌。

大悲殿是一座八角亭式建筑，顶部三重飞檐，由下向上逐层向内收缩，每层檐顶都是八角形，角上雕有龙尾。

殿顶正中立一座葫芦宝塔，塔顶两边雕着龙头。

整座建筑，如巨龙腾空，十分壮观。

在大悲殿内供奉四尊观世音菩萨，正中一尊是双臂观音，端坐在莲花座上，双目垂帘，神态安详。

其余三尊为四十八臂观音，手上各雕一只小眼，持多种神器，姿态各异，形神兼备。

藏经阁是两层的文物楼，后来增建。藏经阁下是法堂，就是僧人讲经说法的地方。

藏经楼里还藏有元朝时期的七佛宝塔、宋代的古钟、香炉、明代铜铸8尊二十四臂观音、近代木雕"五儿戏弥勒"、杨木如意，都有较高的文物和艺术价值。

藏经楼还有一座举世罕见的白瓷观音，是明代福建德化巧匠何朝宗塑造。自古以来德化就是中国主要陶瓷产区之一，所产瓷器称"建白瓷"流传海内外。

何朝宗是明代瓷雕名家，擅长雕刻观音像。他技

如意 又"如意"于印度梵语中称"阿娜律"，部分用作佛具。法师讲经时，常手持如意一柄，记经文于上，以备遗忘。在我国古代有"搔杖"之意，即痒痒挠，搔之可如意，故称如意。

何朝宗 （1522年—1600年），又名何来，生活在明代嘉靖、万历年间。是我国明代著名的瓷塑家，出生于福建省德化县，祖籍是江西。

■ 南普陀寺内的大悲殿

摩崖石刻

艺高超又作风严谨，一生只雕成18尊观音像，南普陀寺收藏的就是其中的一个。

这尊观音造型别致，头发披肩，神态安然地半坐半躺在山石旁休息，生动逼真，线条流畅自然，是瓷塑艺术中的珍宝。

在藏经楼所藏佛经中，有影印的宋代《碛砂大藏经》、日本的大正新修《大藏经》13500余卷，以及日译明版仿宋木刻大藏经。

此外，还有明朝崇祯年间，性旭和尚等人血宝《妙法莲花经》、弘一法师亲书的《佛说阿弥陀经》等。

在藏经阁的后面有多处摩崖石刻，其中有块大石，镌刻着一个特大的"佛"字，高4米多宽3米多，粗犷豪放，雄健有力，是我国罕见的石刻。

阅读链接

关于千手千眼观音，在我国民间还有一个生动的故事传说呢：在古时候有个老人，养了三个女儿。有一天，老人得了怪病，他听别人说想要治好这病，必须用人眼做药引子。

大女儿和二女儿都不肯挖下自己的眼睛，而小女为了治好老人的病甘愿献出自己的眼睛。这件事感动了释迦牟尼，释迦牟尼便创造了一个千手千眼观音来纪念她。

虽然只是传说，却体现出佛祖普度众生的慈悲心怀，表现了古人崇尚孝道的传统美德。

潭柘寺

潭柘寺，位于北京西部门头沟区的潭柘山麓。寺院坐北朝南，背倚宝珠峰，周围有九座高大的山峰呈马蹄形环护，宛如在九条巨龙的拥立之下。

潭柘寺始建于西晋永嘉元年，距今约1700年的历史，民间素有"先有潭柘寺，后有北京城"的说法。寺院初名嘉福寺，清代康熙皇帝赐名为岫云寺，但因寺后有龙潭，山上有柘树，故民间一直称为潭柘寺。

佛教传入北京后的最早庙宇

　　潭柘寺，位于北京西部门头沟区东南部的潭柘山麓，距今已有1700多年历史，是北京最古老的寺院。寺院坐北朝南，背倚宝珠峰，周围有九座高大的山峰呈马蹄形环护，宛如在九条巨龙的拥立之下。

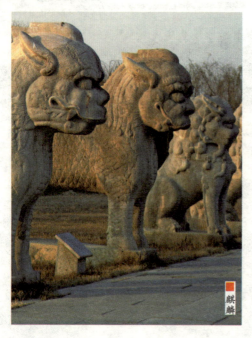

　　高大的山峰挡住了从西北方袭来的寒流，因此这里气候温暖、湿润。

　　寺内古树参天，佛塔林立，殿宇巍峨。整座寺院建筑依地势而巧妙布局，错落有致，更有翠竹名花点缀期间，环境极为优美。

　　潭柘寺始建于307年，寺院初名嘉福寺，是佛教传入北京地区后修建最早的一座寺庙。

■ 潭柘寺碑

当时，佛教发展缓慢，以后又出现了两次灭佛事件，故而嘉福寺自建成以后，逐渐破败。

直到唐武则天万岁通天年间，佛教华严宗高僧华严和尚来潭柘寺开山建寺，潭柘寺才成为幽州地区第一座确定了宗派的寺院，潭柘寺才得以兴盛起来。

关于潭柘寺的寺名还有一个传说：当年佛教华严宗高僧华严和尚居住在幽州城北，"持《华严经》以为净业"，"其所诵时，一城皆闻之，如在庭庑之下"。

很多信徒踊跃捐助，助其在幽州开山立宗，所以华严祖师就去找当时的幽州都督张仁愿，向其求建寺之地，张仁愿对华严祖师说："和尚想要多少土地，地址可曾选好？"于是华严祖师带张仁愿来到了潭柘山嘉福寺附近西坡姜家和东沟刘家的土地。

张仁愿对华严祖师说："这是有主之地，我也不

幽州 古九州及汉十三刺史部之一；原是河北平原北端陆路交通的枢纽。隋唐时为北方的军事重镇。唐初期出兵高句丽时，分水陆两路，陆路也以幽州为后方大本营。唐代中后期，幽州成为了交通中心和商业都会。

寺院奇观

独特文化底蕴的名刹

■ 潭柘寺牌坊

从实禅师 我国后唐时期最著名的僧人。他曾在幽州城内的大万寿寺以及潭柘寺内弘扬佛法。据1511年谢迁的《重修嘉福寺碑记》中所记载，后唐时有从实禅师和他的弟子约1000人在此地讲法，后来圆寂后，被尊称为华严祖堂。

好擅自做主，就把姜姓和刘姓地主一起叫来协商。"

可是两地主本不想给，但又碍于张仁愿的面子，便对华严祖师说："和尚想要多少土地？不可太多，太多的话我们以后就没有饭吃了。"

华严祖师知其俱是当地数一数二的大地主，良田无数。便取出盖自己蒲团的毯子对二人道："不多不多，两位施主可否割这一毯之地与我？"

姜姓和刘姓地主一看只有这巴掌大的一块毯子，忙不迭地答应，并且请张仁愿做中人。

华严祖师见张仁愿答应了做中人，就把手中布毯往空中一抛，只见布毯在空中越来越大越来越大且迟迟不落地，众人目瞪口呆。

不一会，布毯已经大到遮天蔽日了，再看两个地主早已经面如土色，连忙喊："够了，够了！请大师慈悲，不要让它再大了！"

华严祖师含笑看了二人一眼说："落"！于是毯

子就落了下来，直直盖住了好几座大山。

张仁愿对两人道："这一毯之地就让与华严大师，二位可不要反悔。"二人一看真佛在此，都不敢反悔了。

于是华严祖师就在此地以破败了的嘉福寺为中心，重建寺庙。修筑殿宇，扩建寺院。

因寺院后山有两股丰盛的泉水，一眼名为龙泉，一眼名为泓泉，两股泉水在后山的龙潭合流后，流经寺院，向南流去，不仅满足了寺院日常的生活用水，而且还可能灌溉附近大片的土地农田，故华严大师命名此寺为"龙泉寺"。

后来，华严祖师以一毯之地建寺的大神通广为流传，当地人都私下称此寺为"毯遮寺"。后经千年，"毯遮寺"就逐渐演变为"潭柘寺"。

由于唐武宗李炎崇信道教而排毁佛教，潭柘寺也因此一度荒废。五代后唐时期，著名的禅宗高僧从实禅师来到了潭柘寺，整修寺院，才使潭柘寺重新繁盛起来。

■ 潭柘寺石牌坊

当时的潭柘寺也由华严宗改为禅宗。到了辽代，潭柘寺的香火又开始衰微。金代，禅宗有了很大的发展，潭柘寺先后出现了数位禅宗大师。

1141年，金熙宗完颜亶于到潭柘寺进香礼佛，并拨款对潭柘寺进行整修和扩建。他开创了皇帝为潭柘寺赐名和由朝廷出资整修潭柘寺的先河。此后，历代皇帝效仿，繁盛了寺院香火。

金大定年间，皇太子完颜允恭代表他的父亲完颜雍到潭柘寺进香礼佛，当时的住持僧重玉禅师为此写了《从显宗幸潭柘》一诗，记述了当时盛况。1194年，这首诗于镌刻成碑，立于寺中。

在金代，潭柘寺禅学昌盛。大定初年，竹林寺的开性回潭柘寺任住持。随后，朝廷资助对潭柘寺进行了长达11年的整修和扩建，使潭柘寺焕然一新。

潭柘寺的禅学从此中兴起来，开性也成了金中都地区公认的禅宗临济宗的领袖，潭柘寺也成为临济宗的中心寺院。

元世祖忽必烈的女儿妙严公主为了替父赎罪，来到潭柘寺出家。后来，妙严大师终老于寺中，她的墓塔建在寺前的下塔院。

元朝末期的元顺帝孛儿只斤·妥欢贴睦尔崇信佛

■ 元顺帝 孛儿只斤·妥懽帖睦尔。元朝第十一位皇帝，也是元朝最后一位皇帝，北元第一位皇帝，庙号惠宗，谥号宣仁普孝皇帝。在位37年，享年51岁。

教，特别对潭柘寺极为青睐。元顺帝曾请潭柘寺住持雪涧禅师享用御宴，礼遇之高前所未有。

法号道衍的明初重臣姚广孝，曾在建文帝削藩时，为朱棣出谋划策，助其夺取皇位。之后，姚广孝辞官到潭柘寺隐居修行。

据说当年修建北京城时，设计师就是姚广孝，他从潭柘寺的建筑和布局中获得了不少灵感，北京城的许多地方都是依照潭柘寺的样子修建的。后来姚广孝奉旨主持编纂《永乐大典》完成后才离开了潭柘寺。

明代从太祖朱元璋起，历代皇帝及后妃大多信佛，由朝廷拨款，或由太监捐资对潭柘寺进行了多次整修和扩建，使潭柘寺的格局基本确立。

潭柘寺在明朝成为对外交流的窗口，许多外国人久慕潭柘寺的盛名，纷纷到此学习佛法，有的甚至终老于此，其中最著名的有日本的无初德始、东印度的

■ 潭柘寺千佛殿

独特文化底蕴的名刹

北京潭柘寺

底哇答思和西印度的连公大和尚等人。

1595年，达观大师奉神宗皇帝朱翊钧之命，任潭柘寺的钦命住持。在此期间，由万历皇帝的母亲慈圣宣文明肃皇太后出资，对潭柘寺进行了大规模的整修。达观大师与朝廷密切，经常奉诏进宫为皇室讲经说法，进一步加深了潭柘寺与朝廷的联系。

明朝宣德年间，孝诚张皇后资助，对潭柘寺进行了整修和扩建。1497年，明孝宗拨款，对潭柘寺再次进行了整修和扩建。

1507年，潭柘寺又进行了整修，再一次扩大了寺院的规模。1594年，孝定皇太后出资，整修潭柘寺，建造方丈院等房舍80余间。

1686年，康熙皇帝降旨，命广济寺的住持僧律宗大师震寰和尚担任潭柘寺的住持。当年秋天，康熙皇帝驾临潭柘寺进香礼佛，留住数日，赏赐给潭柘寺御书经卷、观音像等无数。

1692年，康熙皇帝亲拨库银，整修潭柘寺，整修殿堂300余间，使这座古刹又焕新颜。

震寰和尚 震寰律师，震寰、名照福，孟姓，是清时潭柘寺钦命重开山第一代住持。最初依延禧寺名驰剃染，受具戒于广济寺的万钟律师，精进潜修，究求律学，声望极高。震寰律师深受康熙皇帝的器重，康熙曾三次来到潭柘寺，并作诗称赞震寰律师。

1697年，康熙赐寺名为"敕建岫云禅寺"，并亲笔题写了寺额，从此潭柘寺就成为北京地区最大的一座皇家寺院。

第二年，康熙为牌楼亲题匾额，并赐给潭柘寺桂花12桶和龙须竹8杠。

1684年，康熙皇帝命著名的律宗高僧止安律师为潭柘寺的钦命住持，并赐给潭柘寺镀金剑光吻带四条，安装在大雄宝殿的殿顶上，现今这四条金光闪闪的吻带依然完好如初。

清雍正年间，雍正皇帝也专程到潭柘寺进香礼佛。1742年，乾隆皇帝第一次游幸潭柘寺，赐物无数，墨宝无数。后来，乾隆皇帝把御笔心经和自己手书的诗篇赐给了潭柘寺。

嘉庆皇帝也崇信佛教，他也曾到潭柘寺进香礼佛，留存后世《初游潭柘岫云寺作》五言诗一首。

阅读链接

关于潭柘寺寺名的由来还有一个传说。当年，华严宗高僧华严和尚在幽州开山立宗，去找幽州都督张仁愿，向他征求建寺的地点。

张仁愿把当地两位大地主叫来协商。华严祖师说："两位施主可否割一毯之地给我？"

二人应允。

只见祖师把布毯往空中抛去，当毯子落下时盖住了几座大山。

张仁愿对二人说："这一毯之地就让与华严大师了。"

于是，华严祖师就在此地重建寺庙，称为龙泉寺。但华严祖师以一毯之地建寺的故事却广为流传，人们私下称寺院为毯遮寺。后经千年，毯遮寺就逐渐演变为潭柘寺了。

最为庞大严谨的皇家寺院

潭柘寺的寺院建筑规模庞大，错落有致。整体布局严谨有序，不愧为皇家寺院。

寺院坐北朝南，主要建筑可分为中、东、西三路，中路主体建筑主要有山门、天王殿、大雄宝殿、斋堂和毗卢阁。东路有方丈院、延清阁、行宫院、万寿宫和太后宫等。西路曾有愣严坛现已不存、戒台和观音殿等。

此外，还有位于山门外山坡上的安乐堂和上、下塔院以及建于后山的少师静室、歇心亭、龙潭、御碑等。塔院中共有71座埋葬和尚的砖塔或者石塔。

山门外是一座三楼四柱的

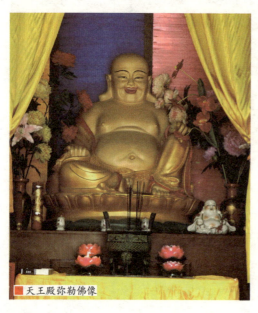
天王殿弥勒佛像

■ 阿难 又称阿难陀，王舍城人，佛陀的堂弟，19岁时就因聪慧过人，记忆力强成为佛陀的侍者。阿难侍奉佛陀27年，跟着佛陀到各地传道。他是佛陀释迦牟尼十大弟子中的一位，被称为多闻第一。据说他继承摩诃迦叶之后，成为僧团的领导者。

木牌坊，牌楼前有两棵古松，枝叶相互搭拢。牌楼前有一对石狮，雄壮威武。过了牌坊就是一座单孔的石拱桥，名怀远桥，过桥就是山门。

天王殿殿中供奉弥勒像，背面供韦驮像，两侧塑有高约3米的四大天王神像。天王殿两旁为钟鼓楼，后面是大雄宝殿。

大雄宝殿面阔五间，上檐额题"清静庄严"，下檐额题"福海珠轮"。正脊两端各有一巨型碧绿的琉璃鸱吻，上系金光闪闪的鎏金长链。殿内正中供奉硕大的佛祖塑像，塑像后面背光上雕饰有大鹏金翅鸟、龙女、狮、象、羊、火焰纹等。佛像左右分立阿难、伽叶像。

大雄宝殿后面就是斋堂院，是和尚们吃饭的地方，堂后有三圣殿，但这两座殿都在后来被拆除，只剩下两棵高大的娑罗树和两株银杏树。中轴线终点是一座楼阁式的建筑，名毗卢阁，站在阁上纵目远眺，寺庙及远山尽收眼底。

寺院东路由庭院式建筑组成，有方丈院、延清阁和清代皇帝的行宫院，主要建筑有万寿宫、太后宫等。院中幽静雅致、流泉淙淙，颇有江南园林的意境。院内还有流杯亭一座，名猗轩亭。

寺院西路大多是寺院式的殿堂，主要建筑有戒

鸱吻 也叫鸱尾、鸱吻或螭吻，是龙生九子中的儿子之一，好吞食。后来成为殿脊的兽头之形，是用泥土烧制而成的小兽。这个装饰现在一直沿用下来，在古建中，"五脊六兽"只有官家才能拥有。

独特文化底蕴的名刹

坛、观音殿和龙王殿等，一层层排列，瑰丽堂皇。

戒坛是和尚们受戒之处，台上有释迦牟尼像，像前有三把椅子，两侧各有一长凳，是三师七证的坐处；观音殿是全寺最高处，上有乾隆手书莲界慈航，内供观世音菩萨。

潭柘寺古迹文物众多，镀金鸥带、金代诗碣、清代肉身佛，神奇的石鱼都是难得一见的文物珍品。

潭柘寺大雄宝殿正脊两端各有一巨型碧绿的琉璃鸥吻，是元代遗物。

寺院东路的猗轩亭内巨大的汉白玉石基上雕琢有弯弯曲曲的蟠龙形水道，当泉水流过时，放入带耳的酒杯，任其随水飘浮旋转，止于某处，取而饮之，并饮酒作诗，这就是我国古代有名的"曲水流觞"的传统习俗。

潭柘寺中有镇寺二宝：一件是宝锅，一件是石

■ 潭柘寺戒坛

■ 潭柘寺石鱼

鱼。宝锅位于天王殿前，是一口铜锅，直径1.80米、深1.1米，为和尚们炒菜专用锅。在东跨院北房还有一口更大的锅，直径4米，深2米，一次煮粥能放10石米，需16个小时才能煮熟。

关于这两口锅，还有"泼砂不漏米"之说，原来，锅底有"容砂器"，随着熬粥时的不断搅动，砂石会沉入锅底的凹陷处。

石鱼位于潭柘寺观音殿西侧，龙王殿的殿前廊上，长1.7米、重150千克，看似铜，实为石，敲击可发出五音，传说是南海龙宫之宝，龙王送给玉帝的。

后来人间大旱，玉帝送给潭柘寺消灾。一夜，急风暴雨，石鱼从天而降，掉在院中。据说石鱼身上13个部位代表13个省，哪省有旱情，敲击该省部位便可降雨。现在寺中的石鱼是后人复制的。

肉身佛 肉身舍利，是佛教一个特有的现象，是指修行到一定境界后，身体会与世不朽，永存世间，在佛教中认为其是精神力量的作用。肉身舍利的肉身，原意是父母所生的血肉之躯，而在佛教中则指"全身舍利"。

龙王殿的龙王

潭柘寺作为北京地区的古刹名寺，历史上游客云集，香火极盛。

从金代起，上至朝廷百官，下至平民百姓来此寺者数不胜数。特别是从明代之后，潭柘寺成了京城百姓春游的一个固定场所。

潭柘寺地处深山，交通不便，在历史上曾形成了多条古香道，从不同方向通往潭柘寺。这些古道历经成百上千年，为潭柘寺的对外交往发挥了巨大的作用。

潭柘寺主要有芦潭古道、庞潭古道、新潭古道、门潭古道和潭王古道。

阅读链接

在潭柘寺大雄宝殿正脊的两端各有一巨型碧绿的琉璃鸱吻，据说这对琉璃鸱吻是元代的遗物。

鸱吻在寺院中是作为镇物出现的，传说是龙王生的9个子之一。按照我国五行的说法，鸱吻属水，克火，因而，将其放置在屋脊是为了镇免火灾。

据说，康熙皇帝初来到潭柘寺时，看见鸱吻跃跃欲动，大有破空飞走之势，于是命人打造金链将它锁住。而后又在上面插上一只宝剑，人们所见到的鸱吻上"镀金剑光吻带"就是康熙皇帝所赐。

碧云寺

　　碧云寺位于北京海淀区香山公园北侧，西山余脉聚宝山东麓，是一组布局紧凑、保存完好的园林式寺庙。创建于元代，后经明、清扩建，始具今日规模。

　　寺院坐西朝东，依山势而建造。因寺院依山势逐渐高起，为不使总体布局暴露无遗，故而采用迴旋串连引人入胜的建造形式。其中立于山门前的一对石狮、哼哈二将，殿中的泥质彩塑以及弥勒佛殿山墙上的壁塑皆为明代艺术珍品。

被历代视为风水宝地的寺院

独特文化底蕴的名刹

　　碧云寺位于北京海淀区香山公园北侧，西山余脉聚宝山东麓，是一组布局紧凑、保存完好的园林式寺庙。创建于1331年，后经明、清两朝扩建，始具今日的规模。寺院坐西朝东，依山势而建造。

　　整个寺院布置，以排列整齐的六进院落为主体，南北各配一组院落，院落采用各自封筑手法，层层殿堂依山叠起，300多级阶梯式地势而形成的特殊的建筑布局。

　　因寺院依山势逐渐高起，为不使总体布局暴露无遗，故而采用迥旋串连引人入胜的建造形式。

　　1516年，也就是明武宗正德年间，一个叫于经的御马太监看中了此地的风水，认为是一块宝地，于是在此扩建了碧云寺，并在后山上挖建墓穴，在冢上种植了青松作为死后葬身之所。

　　据说这种做法叫作"青松压顶"，实际上也是墓葬的一种标记。大概是因为有过这样一段历史，当地的人们都把这座寺称为"于公寺"。然而，墓还没有挖好，他便因贪污事发而入狱，死于狱中。他

■ 香山碧云寺

葬在于公寺的希望也就落空了。

　　1623年，魏忠贤也看中这块宝地，再度扩建碧云寺，又在于经墓圹的屋础上加工扩建，打算作为自己将来的墓地。但5年后，魏忠贤也获罪，墓穴因此而被废弃。

　　崇祯初年，魏忠贤自缢，也不能再葬于此地。魏忠贤的党羽葛九思，1644年随清军入京，将魏之衣冠葬在墓中，成为魏的衣冠冢。

　　直到1704年，江南道监察御史奉命巡视西山时，最初以为这座墓是前朝皇帝的陵寝，后来经考证才知道是魏坟。于是，他便上奏给皇帝，朝廷下诏，令其平坟。

　　到了清代，绮丽壮观的碧云寺吸引了清朝帝王和后妃们的目光。1748年，清政府对碧云寺进行了大规模的修建，在保存原有寺院的基础上，又在寺后墓圹所在地新建了金刚宝座塔，在寺的右侧增建了罗汉

魏忠贤 明末宦官，明熹宗即位后，开始平步青云，拉开了我国历史上最昏暗的宦官专权的序幕。他自称九千岁，排除异己，专断国政，以致于人们"只知有忠贤，而不知有皇上"。明崇祯继位后，打击惩治了阉党，治魏忠贤十大罪，命人逮捕法办，自缢而亡。

■ 山门前的石狮子

十八罗汉 是指佛教传说中十八位永住世间、护持正法的阿罗汉，由十六罗汉加二尊者组成。他们都是历史人物，都是释迦牟尼的弟子。十六罗汉主要流行于唐代，唐代末年出现十八罗汉，到宋代更盛行十八罗汉了。

堂，寺的左侧新建行宫院。由于对原有建筑没有较大的变动，因此整座寺院的建筑和文物基本保留了明代的风格。

经过这两次的扩建，富有明代建筑特点的碧云寺已经初步形成规模。

碧云寺山门前有石桥一座，紧靠山门是一对石狮子，蹲坐于须弥座上，身躯瘦长，威武如生。

石狮为魏忠贤所造，是明代极有艺术性的石雕。山门迎面是哼哈二将殿。

在北京香山碧云寺明代大太监魏忠贤生前自建的墓圹遗址处，有一对镇墓兽。据文物专家推断，这是魏忠贤的遗物，也是魏墓被毁之后幸存物之一。

这对石兽的形制和风格与一般的镇墓兽有很多不同之处，它们的形象不像狮子、老虎，也不是麒麟和虫豸。

从这对石兽明追古制、暗仿帝陵、似是而非的做法可以断定，魏忠贤虽然专横弄权，但也不是无所顾忌。他对于自己墓圹的营造，还是采取了一些掩盖自己僭越礼制野心的手法。

经历了若干年的变迁之后，当年魏忠贤衣冠冢中的遗物已经荡然无存了，这也使得这对新发现的镇墓兽更具文物价值。

殿坐西朝东，面阔三间，灰色的歇山瓦顶，檐下以斗拱作为装饰。有两座高约5米的泥质彩塑像，分别立于大殿两侧，形象逼真，色彩鲜明，体态刚劲，是一对价值极高的艺术品。

哼哈二将殿的两侧分列钟楼和鼓楼，形成第一进院落。这座院落的正殿是弥勒佛殿，原有四大天王像，在北洋军阀时期被毁后，殿内就只剩下弥勒佛像了。在殿前设有月台，台上矗立两座八棱经幢，上面遍刻经咒。

寺庙大雄宝殿正中供奉释迦牟尼坐像，左有迦叶尊者和文殊菩萨，右有阿难尊者和普贤菩萨。

山墙上的壁塑放置姿态各异、形象活泼的彩塑十八罗汉和《西游记》中唐僧取经的神怪故事。

在立体雕塑上呈现出一派

■ 大雄宝殿内的释迦牟尼

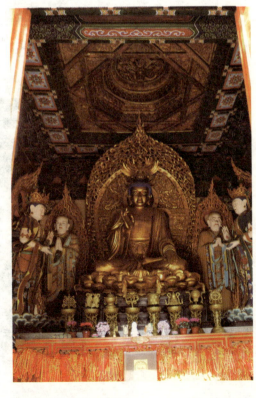

娑罗树 植物名，是佛教圣树之一。产于印度及马来半岛雨林之中，是龙脑香科娑罗树属，多年生乔木。树身高大，表面光滑，花淡黄色。因为气味芳香，木材坚固，可以用来制作家具或建材，又可供作药用或香料。

云山缥缈的境界，既有立体感又有真实感，堪称是明代艺术的珍品。

释迦牟尼塑像的后面是观音菩萨以及善财、龙王、龙女、韦陀等像，四周衬以观音菩萨悬塑，以及山石云海等，同前殿浑然整体。大殿后有八角形碑亭，碑亭内立有清代乾隆皇帝御笔石碑，记述了乾隆十二至十四年间重修碧云寺的情况。

第三进院落以菩萨殿为主体，面阔三间，歇山大脊，前出廊，檐下装饰有斗拱，匾额上为乾隆御笔"静演三车"。

殿内供奉着五尊泥塑彩绘菩萨像，正中是观音菩萨，左边是文殊菩萨和大势至菩萨，右边是普贤菩萨和地藏菩萨。

东西两面墙壁塑有二十四诸天神和福、禄、寿、喜四星像。塑像四周也有云山悬塑和小型佛教的故事雕塑。

■ 寺内雕塑

寺院内古树参天，枝叶繁茂。其中娑罗树最为珍贵，此树原产自印度，树顶像曲伞，枝干盘曲，叶片长圆，形状恰似枣核，每叉有五叶或七叶，故又称为"七叶树"。传说，佛祖释迦牟尼就是在娑罗树下寂灭的，因而成为佛门之宝。

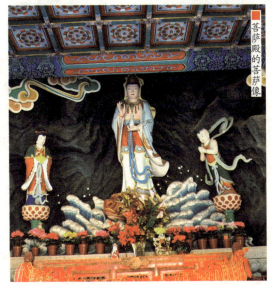
菩萨殿的菩萨像

在第三重院内设有孙中山纪念堂。纪念堂面阔五间，山墙后镶嵌汉白玉石刻碑，大理石须弥座上雕刻有各种花纹，白底金字，上书《孙中山先生致苏联书》。

正门上方悬挂红底金字木匾，上为宋庆龄手书"孙中山先生纪念堂"。正厅设孙中山半身塑像，塑像右侧停放1925年苏联所赠的玻璃盖钢棺一口。

阅读链接

魏忠贤生前自建的一对镇墓兽，虽然雕凿于明代，但是它们的风格很明显是借鉴了前代的一些作品。

无论从战国时期的河北中山王墓中的青铜错银双翼神兽，还是从南朝时期至今仍存在的南京周围的一些帝王陵寝上的镇墓兽，在这对石兽的身上，都或多或少能找出模仿的痕迹。

虽然这对石兽出现在北京，但它又明显吸纳了我国南方地区类似石兽的特点，雕法简洁，又有程式化与自由发挥的雕凿技法。

建于寺中最高点的金刚宝座塔

寺院奇观

独特文化底蕴的名刹

照壁 是我国传统建筑特有的一部分。明代特别流行。是指建在大门内的屏蔽物。古人称为萧墙。古人认为自己宅中不断有鬼来访，修上一堵墙，以断鬼的来路。因为据说小鬼只走直线，不会转弯。

塔院位于寺院最后，院内南部有雕工精致的汉白玉石牌坊，牌坊两侧各有"八"字形石雕照壁，照壁正面刻有八个历史人物浮雕，并有题名。

左有蔺相如为节，李密为孝，诸葛亮为忠，陶渊明为廉；右有狄仁杰为孝，文天祥为忠，赵壁为廉，

■ 碧云寺的金刚宝座塔

谢玄为节。

在照壁小额枋上刻有八个大字，左为"清诚贯日"，右为"节义凌霄"。石牌坊后有两个八角形碑亭，南北相对，亭内放有乾隆御制金刚宝座塔碑，左亭内为满、蒙文，右亭内为汉、藏文。

金刚宝座塔位于全寺最高点，建于1748年，是仿照北京五塔寺的形状建造的。这种塔北京地区有三座，另两座分别是西黄寺的清净化城塔和真觉寺的金刚宝座塔。

■ 碧云寺金刚宝座塔

碧云寺金刚宝座塔分塔基、宝座和塔身三层。塔基呈方形，砖石结构，外以虎皮石包砌，台基两侧有石雕护栏。塔身全部为琢磨过的汉白玉石砌成，四边还雕刻有藏传佛教的传统佛像。

塔基正中开券洞，券墙上有一汉白玉石匾额，上书金字"孙中山先生衣冠冢"。券洞两旁雕有佛像和兽头形纹饰，券洞上额匾书"灯在菩提"。

券门内登石阶可以到达最上层宝座顶，宝座上有七座石塔，分别为一座屋形方塔，一座圆形佛塔，另有五座十三层密檐方塔，中央一大塔，四角各有一小塔。这是一种独特的建筑形式，是曼陀罗的一种特殊变体。

曼陀罗是梵语译音，意为"坛城"，后来演变成象征性图案。按照藏传佛教之意，井字中央是须弥

曼陀罗 是藏传佛教术语。指一切圣贤、一切功德的聚集之处。供曼扎是积聚福德与智慧最圆满而巧妙的方法，以曼达的形式来供养整个宇宙，是很多方法中最快速，最圆满的。是僧人和藏民修习秘法时的"心中宇宙图"。

山，四周分布水、陆、山、佛。五座佛塔基座均为须弥座，塔肚四面刻有佛像。

塔肚之上用十三层相轮组成塔颈，最后为铜质塔刹。塔刹中央铸有八卦，四周垂有花缦。塔刹上端又立一小塔，上有"眼光门"，门内有佛。

主塔后植有一株苍劲古松。整个金刚宝座塔布满了大小佛像、天王、龙凤狮象和云纹等精致浮雕，都是根据西藏地区传统雕像而刻造的。

碧云寺中轴线的左右两侧还有两组建筑，左边是罗汉堂，右边是水泉院。

罗汉堂仿杭州净慈寺。罗汉堂有雕像508尊，全系木质雕刻，外覆金箔。

罗汉堂顶部正中耸立者象征西方净土的宝塔和楼阁。正门内塑有四大天王，中心是三世佛。四面通道

寺院奇观

独特文化底蕴的名刹

■ 净慈寺 是杭州西湖历史上四大古刹之一。净慈寺在南屏山慧日峰下，是954年五代吴越国钱弘俶为高僧永明禅师而建，原名永明禅院。寺院屡毁屡建，南宋时改称净慈寺，并建造了五百罗汉堂。因为寺内钟声洪亮，"南屏晚钟"成为西湖十景之一。

■ 罗汉堂的罗汉像

上各立有塑像一尊，东为韦驮，西为弥陀佛，南为地藏菩萨，北为疯僧。

罗汉堂里五百罗汉按顺序排列，坐像高约1.5米，身材大小与常人无异，姿态各异，形象生动，有的闭目静坐，有的低头微笑，有的袒胸露腹，有的老态龙钟……

五百罗汉的形象，可以说是佛教雕塑艺术的集锦。令人深思的是这五百罗汉中竟有乾隆皇帝的塑像，第444尊罗汉顶盔挂甲，一派英武的戎装打扮，它正是乾隆皇帝的罗汉造像。将皇帝塑成罗汉，一方面意在宣扬"君权神授"，另一方面也有歌颂乾隆盛世的用意。

水泉院是碧云寺内风景清幽的好去处，院内松柏参天，最有名的是三代树。

这是一株较奇特的古树，柏树中又套长一株柏

三世佛 是大乘佛教的主要崇敬对象，俗称三宝佛。根据印度哲学，时间和空间是混清的，因此三世佛还被分为横三世佛和纵三世佛。横三世佛指中央释迦牟尼佛、东方药师佛和西方阿弥陀佛。纵三世佛是指过去佛燃灯佛、现在佛释迦牟尼佛和未来佛弥勒佛。

树，最里层长着一株楝树，三树共同生活了数百年。

　　院中还有一天然流泉，名"水泉"，又称"卓锡泉"。泉水自石缝中流出，汇而为池，泉水甘甜爽口。泉水旁边是用太湖石堆叠而成的假山。花木、泉水、假山构成了一座优美、幽静的庭院花园。

　　2001年，碧云寺作为明、清古建筑，被国务院批准列入第五批全国重点文物保护单位名单。

阅读链接

　　传说在碧云寺罗汉堂内的疯僧塑像，指的就是灵隐寺里那个曾经嘲讽秦桧的疯和尚。而在北面屋梁上蹲着的济公塑像，在我国民间更有一段有趣的传说。

　　传说在罗汉堂排位的那天，济公很早就来到了碧云寺，但当时寺院的大门还没有打开。正巧这时，济公看到一个花花公子正在强抢民女。济公见状，打抱不平之心顿起，使用法术救了民女。可是，等到济公回到碧云寺时所有的座位都已经被众位神仙占满，他也就只好把屋梁当成了座位。